ANTONIA,

ou

MILAN ET GRENOBLE,

MÉLODRAME EN TROIS JOURNÉES.

Les deux premiers Actes à Milan, et le troisième à Grenoble, cinq ans après.

Par MM. Benjamin et Ruben.

Représenté, pour la première fois, à Paris, sur le Théâtre de la Gaîté, le 13 Septembre 1827.

Prix : 1 fr. 50 c.

Paris,
QUOY, LIBRAIRE-ÉDITEUR,
ET MAGASIN GÉNÉRAL DE PIÈCES DE THÉATRE, ANCIENNES ET NOUVELLES.
BOULEVARD SAINT MARTIN, N. 18.

1827.

PERSONNAGES.	ACTEURS.
GERMANI, riche cultivateur, exploitant une ferme dans un petit village près de Milan..	M. FERDINAND.
ANTONIA, sa fille..................	Mlle. ADÈLE DUPUIS.
TOREZZO, chef d'un corps armé de Milanais.	M. CAMIADE.
PÉTRO, frère de lait d'Antonia, valet de la ferme chez Germani................	Mad. ADOLPHE.
VICTOR DORSAN, chef de bataillon.......	M. FRANCISQUE.
SENNEVILLE, lieutenant dans le même bataillon.............................	M. LÉOPOLD.
PREMIER HABITANT armé............	M. THIERRY.
UN GRENADIER FRANÇAIS..........	M. DUMOUCHEL.

Personnages muets.
{
Deuxième habitant.
Un Officier français.
Un Commandant de troupes Milanaises.
MORELLI, notaire.
Deux Officiers Milanais, amis de Torezzo.
TONIO.
STEFFANO.
Habitans armés.
Soldats Français.
Troupes Milanaises.
Villageois des deux sexes.
Valets de ferme, etc.
}

PERSONNAGES DU TROISIÈME ACTE.

VINCENT, limonadier, tenant un café restaurant à Grenoble, près d'une promenade publique..........................	M. DUMÉNIL.
LAMBERT, vieux brigadier, espèce de maître d'hôtel du général St.-Ange............	M. PARENT.

Personnages muets.
{
Le Général St.-ANGE, commandant de la place de Grenoble.
MLLE. ST.-ANGE.
MAD. VINCENT.
Un Officier supérieur.
Quelques Officiers Français.
}

La vieille SUZANNE, Milanaise attachée au service d'Antonia...................	Mad. CHÉZA.

Deux Garçons de café.
Domestiques de M. de St.-Ange.
Peuple des deux sexes.

Les deux premiers Actes se passent dans un village, près de Milan. Le troisième à Grenoble, 5 ans après, sur une place servant de promenade.

Les Personnages sont placés en tête de chaque Scène, comme ils doivent être au Théâtre.

ANTONIA,

OU

MILAN ET GRENOBLE,

MÉLODRAME EN TROIS JOURNÉES.

ACTE PREMIER.

Intérieur de la ferme de Germani; à gauche de l'acteur, les bâtimens de la ferme; à droite la porte d'entrée. Au fond un mur, au milieu duquel est une grande porte qui laisse voir en l'ouvrant un vaste cellier éclairé par des croisées donnant sur la Scène et sur la campagne.

SCÈNE PREMIÈRE.

TOREZZO, GERMANI, Habitans du Pays.

(*Au lever du rideau tous les habitans forment un groupe animé; hommes, femmes, enfans. Torezzo est au milieu d'eux. Germani l'écoute attentivement, et le considère avec admiration.*)

TOREZZO, *continuant son récit.*

Il se fait un moment de silence, on se regarde; on s'étonne d'avoir pu souffrir si longtemps; et dans cette réunion immense qui se grosissait à chaque instant de tous les paysans d'alentour prévenus par mes soins, un murmure approbateur répondit à l'appel brûlant du courage... Les derniers rayons du soleil coloraient alors d'un éclat rougeâtre et lugubre les vieux murs de la métairie incendiée; et ce bizarre effet du jour décroissant, d'accord avec nos souvenirs, agissait sur l'imagination de ces hommes autant que mon enthousiasme. Debout sur les débris d'une colonne, je dominais de l'œil et de la voix cette foule de citoyens émus. Je voyais l'effet de mes paroles, dans leurs mouvemens d'impatience, dans l'indignation de leurs regards... Eh! bien, leur dis-je encore, n'êtes-vous plus les descendans de ces vaillans Lombards qui ont conquis l'Italie? Souffrirez-vous que l'étranger barbare vienne ravager vos moissons, enlever vos femmes, égorger vos enfans? Attendez-vous de nouveaux outrages? vous en êtes abreuvés chaque jour. Que vous faut-il encore?... Des armes!... des armes!... répètent mille voix confuses! et du seuil d'un antique palais aux bornes les plus reculées de l'horizon, ce cri renvoyé par les échos se prolonge plus formidable: des armes, des armes! — Venez donc les prendre, amis. Et je m'élance à la porte brisée de l'édifice, et mes fidèles compagnons sortent du souterrain avec des brassées d'armes. Bientôt des lances, des sabres, des fusils, des piques, glorieux instrumens d'une première victoire, s'agitent dans toutes les mains. L'élan est donné, le tocsin sonne, les villages se répondent... les troupes cantonnées dans la province veulent en vain opposer à notre intrépidité la discipline et le sang-froid.... elles disputent chaque position; mais le terrain nous reste. Les bataillons surpris sont forcés de battre en retraite. l'ennemi est vaincu, et la province est affranchie.

TOUS LES HABITANS.

Vive Torezzo!... vive Torezzo!

GERMANI.

Cher Torezzo, recevez ici de nouveau les témoignages de notre reconnaissance. (*Il lui serre la main.*) Nous soupirions après votre arrivée, pour entendre de la bouche même de l'auteur de l'entreprise les détails du combat.

TOREZZO.

Chacun de nos amis eût pu vous les donner comme moi. Tous ont le même droit à la reconnaissance, si l'on doit de la reconnaissance aux hommes qui n'ont fait que leur devoir.

GERMANI.

C'est ainsi que pense un véritable Milanais. Ah! je n'éprouve qu'un regret, c'est d'avoir été prévenu trop tard pour vous aider à repousser l'ennemi!

TOREZZO.

On connaît votre courage, Germani, et tous les sacrifices que vous avez fait pour la patrie. Vous n'aviez pas besoin de cette occasion pour en donner une nouvelle preuve; la tâche appartenait aux plus jeunes : il vous en restait une assez belle à remplir si nous eussions succombé; celle de venger notre mort.

GERMANI.

Grâce au ciel, nous n'avons qu'à nous féliciter de votre triomphe ! c'est pour le célébrer que les habitans se sont réunis chez moi... Voyez, nos jeunes filles sont en habit de fête... On dresse des tables dans mon cellier... Je veux que tout abonde, les vins, la joie et les plaisirs. J'ai des provisions pour le village entier. Nos jeunes gens pourront danser ici après le festin. En attendant, achevez, mes enfans, de tout préparer comme vous l'entendrez pour que nous n'ayons plus qu'à nous divertir.

(*Tous les habitans se dispersent ; les uns emportent les bancs ou les rangent, ceux-ci apportent des instrumens, etc.*)

TORREZZO, à Germani.

Eh ! mais, d'où vient que la charmante Antonia n'a point encore paru ? Serions-nous privés du bonheur de la voir ?

GERMANI.

Elle veille aux préparatifs de la fête en attendant Pétro, son frère de lait. Il est allé conduire une voiture de bagages pour ce régiment qui a bivouaqué dans le canton.

TOREZZO.

J'entends, il a fallu vous prêter à cette dernière corvée.

GERMANI.

Peut-être l'aurait-on exigé, mais je l'ai fait de moi-même, bien aise de me débarrasser du fardeau de la reconnaissance, envers cet officier, ce Victor qui a logé chez moi.

TOREZZO.

De la reconnaissance envers un ennemi ?

GERMANI.

Malgré ma haine, je ne puis oublier que, pendant tout son séjour, il s'est conduit en homme d'honneur et qu'il a sauvé en arrivant, ma maison du pillage.

TOREZZO, *avec ironie.*

Oui, vous lui savez gré du mal qu'il n'a pas fait.

GERMANI.

Je n'ai pas voulu être en reste avec lui, aussi nous sommes quittes ; Dieu lui fasse paix ! s'il retourne dans son pays, si la guerre doit continuer, qu'il aille se faire tuer ailleurs ! j'espère que nous n'aurons plus rien de commun ni dans ce monde, ni dans l'autre.

SCÈNE II.

Les Mêmes, ANTONIA.

(Il se fait un mouvement. Quelques villageois entrent en précédant Antonia et viennent saluer Germani.

ANTONIA.

Mon père, tout est prêt; et vos convives attendent avec impatience le signal du repas.

GERMANI.

Bien ma fille! (*à ceux qui l'entourent.*) Mes amis allez prendre vos places. Antonia et Torezzo vont bientôt vous rejoindre, il nous reste quelques ordres à donner pour la fête.
(*Les convives sortent à gauche et entrent dans le cellier, par une porte du fond, hors la vue du spectateur.*

ANTONIA, *restée à l'écart sur le devant de la scène.*

Pétro ne revient pas, serait-il arrivé quelque malheur?

SCÈNE III.

TOREZZO, GERMANI, ANTONIA.

(*Ils reviennent tous trois en scène, Germani parle vivement à Torezzo; Antonia s'en aperçoit.*)

ANTONIA, *à part.*

Que va-t-il me dire? Je tremble d'avoir deviné.

GERMANI *à Antonia.*

Mon enfant, tu connais le fils de mon vieil ami Torezzo; je te le présente aujourd'hui comme le sauveur du Milanais : il n'obtiendra jamais un plus beau titre. Depuis long-temps il t'aime.

ANTONIA, *à part.*

Ciel!

GERMANI.

Depuis long-temps il désire t'en faire l'aveu. J'avais différé jusqu'alors, à cause de nos troubles politiques; mais aujourd'hui que la victoire couronne nos efforts, je reviens à mes premiers projets. Torezzo ne peut se présenter sous de plus brillans auspices, et demain tu seras son épouse.

ANTONIA.

Mon père.... (*à part*) Malheureuse ! je suis perdue !

TOREZZO.

Antonia, rien ne manquerait à ma félicité, si vous daigniez souscrire à mes vœux sans contrainte et sans regrets.

ANTONIA, *à part*.

Sans regret !.... Et Victor !

TOREZZO.

Veuillez, belle Antonia, vous expliquer sur les sentimens....

GERMANI, *l'arrêtant*.

Avant de l'interroger, laissez-la se remettre de l'émotion qu'elle éprouve. (*Avec intérêt.*) Antonia connaît toute mon affection pour elle ; tout mon désir est qu'elle soit heureuse.

ANTONIA, *à part*.

Heureuse !

GERMANI.

Antonia a déjà senti combien est honorable une alliance qui fait rejaillir sur sa famille la gloire que vous venez d'acquérir. Oui, mon enfant, Torezzo, dont le courage et les exploits fixent en ce moment tous les regards, est le seul de nos habitans qui m'ait paru digne de toi. Nous lui devons la conservation de nos propriétés, et la tranquillité dont nous allons jouir, et je ne puis mieux acquitter ma dette, qu'en lui accordant ta main et ton cœur. (*A ces mots, la main d'Antonia frémit. Germani la considère avec sévérité, et reprend avec calme.*) Ta main, je la lui donne ; ton cœur sera, j'espère, le prix de son amour et de sa générosité.

TOREZZO.

Antonia, le soin de votre bonheur occupera tous les instans de ma vie.

ANTONIA *émue, à son père*.

Mon père, permettez-moi !....

GERMANI, *bas à Antonia*.

Paix !... (*Haut*) Torezzo, ma fille souscrira à l'union que nous avons projetée. Je vais l'annoncer à tous nos convives. A la fête de la victoire succédera la fête des fiançailles, et le troisième jour sera consacré à la célébration du mariage. (*Bas à Antonia restée absorbée dans ses réflexions.*) Vous m'avez entendu... Antonia ?...

ANTONIA, *comme réveillée subitement.*

Moi?.... oui, mon père.

GERMANI, *surpris et à part.*

Elle paraît troublée.... Je veux lui dire.... (*A Torezzo.*) Torezzo, notre absence, déjà prolongée, pourrait surprendre nos convives.... Allez les trouver ; et, dans un moment....

TOREZZO.

Et Antonia.... Puis-je ?...(*Il va pour lui offrir la main.*)

GERMANI, *avec intention.*

Elle suivra son père.... (*Germani reconduit Torezzo jusqu'au cellier. Bientôt le bruit des acclamations extérieures annoncent son arrivée dans la salle du festin.*)

SCÈNE IV.

GERMANI, ANTONIA.

Lorsque Germani revient vers sa fille, elle se précipite à ses pieds, pâle et troublée, mais sans dire un mot.

GERMANI, *la relevant vivement.*

Que faites-vous, imprudente?...

ANTONIA.

Ayez pitié de moi.

GERMANI.

Je fais plus : je pardonne à ma fille un manque de confiance sur lequel je veux bien ne revenir jamais.

ANTONIA, *douloureusement.*

Hélas!

GERMANI.

Je ne lui reprocherai pas d'avoir pu se laisser entraîner à des sentimens dont elle ignorait le danger.

ANTONIA.

Mon père, vous ne connaissez pas....

GERMANI.

Je ne veux rien connaître. Eprouver du penchant pour celui qui ne peut nous appartenir, c'est un malheur. Ne point combattre ce penchant, quand un père nous en fait envisager les suites, ce serait une grande faute ; le conserver lorsqu'un autre, du choix d'un père, doit obtenir tout notre amour, c'est un crime.

ANTONIA, à part.

Un crime !

GERMANI.

S'il eût fallu choisir entre ma fille morte, ou l'épouse d'un ennemi, je n'aurais point hésité.

ANTONIA, effrayée.

Grands dieux !...

GERMANI, voit l'effroi de sa fille, il est ému, lui prend affectueusement la main.

Antonia, le ciel exauce toutes les prières de la vertu ; demande-lui la force pour oublier un dangereux souvenir.

ANTONIA consternée.

Moi ! demander au ciel la force d'oublier !.... Oh ! que mon père m'arrache la vie, plutôt que de m'imposer ce cruel devoir.....

GERMANI.

Allons, Antonia, viens te réunir à nos habitans. Que la raison l'emporte sur de vaines alarmes. Crois que tu peux trouver le bonheur dans l'hymen que je te prépare. (*Il emmène Antonia.*)

SCÈNE V.

PETRO, seul.

(*Il arrive en courant, et regardant avec précaution.*)

Eh ben !... il n'y a personne ?... Où donc qu'est tout le monde ?.... Je ne vois ni les maîtres ni les garçons de ferme !..... (*Bruit dans le cellier.*) Ils sont là à se réjouir...... Il n'y a pas d'quoi.... s'ils savaient que l'ennemi... Et ce billet pour mam'zelle Antonia ?..... Comment lui remettre ?.... Il y a du danger ; parce que si son père venait à savoir que ce jeune officier..... je passerais un vilain moment !... Il ne badine pas, not' maître !... Voyons, tâchons.... (*Il se dirige du côté de la ferme.*)

SCÈNE VI.

PÉTRO, ANTONIA. (*Antonia paraît suivie d'un valet de ferme, chargé d'une corbeille de fruits. Elle lui indique de la porter dans la ferme.*)

ANTONIA.

J'ai cru entendre la voix de Pétro.... C'est lui...

Antonia.

PÉTRO.

Ah ! ma chère maîtresse, que je suis content de vous trouver seule !

ANTONIA, *vivement. Elle lui montre de la main le cellier où tous les habitans sont à table.*

Parle bas !.... qu'on ne connaisse point ton arrivée. Eh bien, Pétro.... où l'as-tu laissé.... que va-t-il devenir.... est-il en sûreté ?....

PÉTRO.

S'il est en sûreté ? je crois ben ; mais, quant à nous, mam'zelle, nous n'avons qu'à recommander notre âme à Dieu ! Avant deux heures, dans vingt minutes, peut-être, nous serons tous flambés !

ANTONIA.

Que veux-tu dire ?

PÉTRO.

Imaginez-vous, mam'zelle.... (*Bruit dans le cellier.*)

ANTONIA.

Chut !

GERMANI *dans le cellier, un verre à la main et allant boire.*

Imitez-moi, mes amis : « Aux succès et à la santé de Torezzo ! »

TOUS.

A la santé de Torezzo !

PÉTRO, *à la cantonnade.*

C'est ça; jouissez de votre reste, je n'vous dis que ça.... Vous savez, mam'zelle, que ce matin j'ai dû conduire la voiture jusqu'à Milan... — Eh bien, pas du tout. — A peine arrivés derrière la grande montagne, nous apercevons une forêt de baïonnettes qui brillaient comme des soleils. Il y en avait...... il y en avait, autant que d'épis de blé dans un champ !....

ANTONIA.

Eh bien ?

PÉTRO.

Ces baïonnettes, c'était des Français qui longeaient sans bruit le petit bois, avec des canons, des boulets On disait qu'il n'y en avait plus, de Français. Joliment ! On les débusque des hauteurs, ils reviennent par les défilés : ça fait qu'au moment où on les croit ben loin....

ANTONIA.

Est-ce qu'ils reviennent ?....

PÉTRO.

Justement !... L'commandant, dès qu'il nous a vus, a crié :

« Halte-là ! » Il est venu dire deux mots à M. Victor qui, aussitôt, a pris un crayon, a écrit sur un papier.... Je tremble de vous le remettre, parc' que si vot' père....

ANTONIA.

Pétro, je t'en prie, donne !...

PÉTRO.

Ah ! oui, donne... C'est que, d'abord, j'l'ai laissé au fin fond de mon chapeau.... et que je crains qu'on me voie. (*Il cherche dans son chapeau. Antonia est impatiente. Les portes du cellier s'ouvrent, et laissent voir une grande table entourée de convives qui tous, le verre à la main, trinquent, et s'écrient :* « Vive Torezzo ! »

SCÈNE VII.

Les précédens, MORELLI, TOREZZO, GERMANI, MUSICIENS, HABITANS.

GERMANI.

Où étais-tu donc, Antonia ? nos amis s'inquiétaient de ne plus te voir !... Ah ! voici Pétro.... Eh bien, nos voitures et les attelages ont été retenus, sans doute ?

PÉTRO.

J'ai tout ramené, not' maître ; les voitures, les chevaux...... On ne nous a pas fait tort d'un clou.

GERMANI.

C'est bien heureux !

PÉTRO, *à Antonia.*

Je ne m'éloignerai pas. (*à part.*) Je ne peux pas tant que son père sera là...

GERMANI, *à Pétro.*

Veille à ce que nos valets ne laissent manquer personne de rafraîchissemens pendant la danse.

PÉTRO.

Soyez tranquille. (*à part.*) Pourvu que la fusillade n'vienne pas accompagner les violons !

(*Pétro fait le tour de la table, Antonia le suit des yeux avec anxiété. Il semble s'occuper des convives et des gens de la ferme, veille à ce que rien ne manque. Pendant ce temps, les instrumens jouent et les ronds se forment.*)

TOREZZO, *à Germani.*

Pendant qu'ils se divertissent, puisque le notaire est avec nous, si nous causions des clauses du contrat?

GERMANI.

Pourquoi, maintenant?

TOREZZO.

C'est après demain le mariage, avez-vous bien voulu dire; je n'ai point de temps à perdre... Je viens d'envoyer chercher les présens que je destine à ma chère Antonia... c'est un plaisir pour moi, de les lui offrir publiquement. Il me semble que je n'aurai jamais assez de témoins de mon amour.

(*Pétro s'est approché d'Antonia; il lui remet un billet, lorsque Germani l'appelle.*)

GERMANI.

Pétro!

(*Il lui fait signe de faire apporter sur le devant de la scène, une table chargée de papiers, d'encre et de plumes. Torezzo, qui pendant ce temps a joint le notaire, l'amène à la table, le fait asseoir et cause avec lui et Germani, qui se tient debout. Pendant ce mouvement de scène, un groupe de convives s'est mis en danse et sépare, de son père, Antonia, qui ne quitte point le côté de Pétro.*)

TOREZZO, *répondant à la question du notaire.*

A Antonia, une donation universelle de tous mes biens...

GERMANI.

Mon ami, je ne dois point souffrir...

TOREZZO, *au notaire.*

Ecrivez, mon cher Morelli, écrivez. (*à Germani.*) Et quand je mettrais à ses pieds les trésors de toute l'Italie, je ne récompenserais pas d'un trop digne prix, tant de charmes et de vertus.

NOUVELLE ENTRÉE DE DANSE.

PÉTRO, *à Antonia, après s'être assuré qu'on ne pouvait les voir.*

Personne ne nous observe, prenez.

(*Il lui présente le billet.*)

ANTONIA, *hésitant.*

Je frémis malgré moi.

PÉTRO.

Prenez vite, et lisez.

(*Pendant la lecture du billet, deux paysannes dansent au son des guitares et en sourdine. Le corps du ballet en demi cercle balance mutuellement, et dérobe Antonia aux regards du groupe opposé.*)

ANTONIA, *lit.*

« Chère Antonia, six mille hommes marchent sur votre
» canton, et vont de nouveau l'occuper, secret inviolable... Que
» cet avis vous épargne l'épouvante qu'inspire toujours une
» occupation à main armée.

PÉTRO.

On va vous voir... prenez garde !

ANTONIA, *continuant de lire.*

» Ma compagnie marche la première, elle deviendra, je
» l'espère, une seconde fois votre sauve-garde, celle de votre
» père et de ses propriétés. » Et je cesserais de l'aimer, lorsqu'il
veille avec tant de soin sur tout ce qui m'est cher ! Oh ! jamais,
jamais !

(*Pendant la fin du pas de deux, six jeunes filles sont arrivées avec les
présens de Torezzo; le notaire se lève; Germani serre la main à son gendre
futur, qui fait signe d'aller déposer les présens aux pieds d'Antonia;
celle-ci, les yeux fixés sur le billet semble avoir oublié tout ce qui
l'entoure. Pétro s'occupe à manger sur le devant de la scène. Antonia cache vivement le billet dans son sein. Germani vient à sa
fille, l'amène au milieu du théâtre; les jeunes filles l'entourent, et
déploient les présens devant elle.*)

GERMANI.

Allons, ma fille.

ANTONIA, *à elle même, douloureusement.*

Qu'ai-je besoin de tout cela, je n'aimais à me parer que pour
lui !

GERMANI, *sévèrement.*

Si vous tenez à ma tendresse, montrez-vous digne de la conserver, Antonia. (*Elle chancelle en tendant les bras à son
père, celui-ci la soutient, l'amène au milieu des présens. Elle
les considère par complaisance; ils sont étalés et posés sur divers
meubles. Les jeunes filles, sur un signe de Germani, placent un
voile sur la tête de sa fille.* (*à Antonia*) Votre sort est fixé
maintenant, ne l'oubliez point. (*à Torezzo, resté un peu à
l'écart.*) Au milieu de notre alégresse et de nos amis rassemblés,
Torezzo, recevez de la main d'un père, celle qui doit-être votre
épouse.

TOREZZO.

Vous daignez-donc accueillir et combler mes vœux ! chère
Antonia.

GERMANI, *aux habitans qui l'entourent.*

Continuez vos danses, et demain au lever du soleil, nous nous
réunirons pour les fiançailles.

PÉTRO, *à part.*

C'est ça, demain, ça s'ra p't-être ben une autre cérémonie, ma foi.

TORREZZO, *mettant à la disposition des jeunes danseurs une vaste corbeille remplie de bouquets, de ceintures, de voiles et d'écharpes.*

Tenez, mes amis, au nom de ma belle fiancée, distribuez à vos compagnes, à vos sœurs, ces parures légères. Je veux que tout s'embellisse de ma joie.

(*Les danses reprennent.*)

SCÈNE VIII.

LES PRÉCÉDENS, un HABITANT ARMÉ. *Il entre suivi de deux autres, et passe à travers les danses.*

L'HABITANT ARMÉ *à Torezzo, à demi-voix.*

Commandant!.... des troupes rentrent dans le pays par toutes les directions. Partagées en six colonnes, elles marchent l'arme au bras, sans trouver d'obstacles; la frayeur glace tous les habitans.

GERMANI, *qui s'est approché.*

Qu'y a-t-il?

TOREZZO.

Les Français!

TOUS.

Les Français!

GERMANI, *vivement.*

Les Français! Où sont-ils? courons....

L'HABITANT, *le retenant.*

Arrêtez!.... La résistance ouverte serait inutile. Ils occupent nos habitations à mesure qu'ils avancent; mais sans coup férir. Deux pièces d'artillerie sont déjà établies dans votre propre domaine, commandant, et vous savez qu'il domine le village.

TOREZZO.

Connaît-on leur dessein?

L'HABITANT.

De prendre les positions qu'on les avait forcés d'abandonner. Ils n'en veulent, disent-ils, qu'à nos chefs, qui seront punis militairement, dès qu'on les connaîtra.

TOREZZO.

Et nos compagnons, où sont-ils?

L'HABITANT.

Placés par groupes dans les ravins qui bordent la route et le village, ils attendent vos ordres.

TOREZZO.

Allons les joindre.

GERMANI *aux habitans.*

Laissez-là vos danses et vos jeux. Reconduisez vos femmes, vos filles dans leurs habitations; qu'elles prient pour nous et pour tout le canton !

(*La nouvelle se répand de bouche en bouche. Les femmes témoignent leur effroi. Torezzo s'approche des jeunes gens que les trois habitans armés ont avertis, et qui sont venus l'entourer ainsi que Germani.*)

TOREZZO.

Milanais! point d'élan inutile; cachez votre fureur et vos armes; allez sans tumulte, et par des routes différentes, pour n'exciter aucun soupçon, engager nos amis à se répandre dans les alentours. Au déclin du jour, nous nous trouverons sous les murs du vieux château. La victoire est déjà sortie une fois tout armée du fond de ses souterains; elle en sortira de nouveau! Surprendre n'est pas toujours vaincre; nos ennemis l'apprendront, et, victimes de nos efforts, ils seront à leur tour surpris et vaincus.

(*Les habitans commencent à s'éloigner. Antonia reconduit les femmes qui ne s'en vont qu'à regret; bientôt elle se rapproche de son père.*)

ANTONIA.

Eh quoi ! mon père, vous aussi, vous partez ?

GERMANI.

Il le faut. (*Interrompant sa fille, qui veut répliquer.*) Toi, demeure dans la ferme avec la vieille Nadelle, nos femmes et Pétro.

PÉTRO.

Oui, mam'zelle, nous f'rons le corps de réserve.

GERMANI.

Nos ennemis affectent de n'en vouloir qu'à la résistance. Ne nous y laissons point tromper. (*A Antonia.*) Mon enfant, que mon absence ne t'inquiète point.

ANTONIA.

Ah! mon père, pourquoi vous exposer ?

GERMANI.

Je veux seulement examiner par moi-même les forces qu'ils espèrent opposer.

ANTONIA.

Oh! non; restez! Qui sait les dangers que vous allez courir?... Vos jours, peut-être....

GERMANI.

Eh qu'importe ma vie, si nous triomphons.

ANTONIA.

Et votre fille?

GERMANI.

Elle a dans Torezzo un protecteur.

ANTONIA.

Ce n'est point un père.

GERMANI.

C'est un époux!

ANTONIA.

Au nom de ma tendresse....

GERMANI.

Toutes les affections doivent se taire quand l'ennemi est à nos portes. Venez Torezzo. Pétro, ne la quitte point.

PÉTRO.

Oh ça! not' maître, pas plus qu' mon ombre, vous pouvez en être sûr.

GERMANI.

Par les sentiers, derrière le clos, nous pourrons tout voir sans être aperçus; arriver jusqu'au vieux château; peser nos forces et nos moyens.... Venez.

ANTONIA, *s'attachant à lui.*

N'y allez pas, mon père.

TOREZZO.

Tranquillisez-vous, chère Antonia; avec moi, votre père ne peut courir aucun danger...... Si nous étions attaqués, Torezzo lui ferait un rempart de son corps.

(*Les habitans qui ont reconduit leurs femmes rentrent en scène; ils sont armés. Ils entourent Germani et Torezzo, et sortent avec eux. Antonia manifeste ses craintes.*)

PÉTRO

Ma pauvre maîtresse....... n'y aura pas d' combat; parc' que j' vas vous dire..... ils sont les plus forts. (*A part.*) J' dis ça pour la rassurer, parc' que, si ça était, M. Victor s'rait ici, c'est sûr.....

SCÈNE IX.

ANTONIA, PÉTRO, SOLDATS FRANÇAIS.

(*Le cellier est resté ouvert. Au moment où Germani et Torezzo sont partis, les trois habitans et quelques convives ont pris des armes appuyées contre le cellier, et pendant que Pétro parle à sa maîtresse, le premier habitant entr'ouvre une des croisées, y passe le bout de son fusil, et semble ajuster quelqu'un. Le coup part. Antonia tourne la tête en frémissant. Des cris partent du dehors. C'est ici.... c'est ici.*

LE DEUXIÈME HABITANT ARMÉ.

Imprudent, ils étaient plusieurs.

ANTONIA.

Malheureux ! qu'avez-vous fait ?

(*Les croisées du cellier sont brisées avec fracas par des coups de crosse de fusil. A droite et à gauche, des grenadiers sautent dans l'intérieur; un d'eux monte sur la table le sabre levé.*

LE GRENADIER.

Il n'en échappera pas un.

(*Dans la bagarre, un habitant se sauve en refermant derrière lui les portes du cellier. On entend alors le bruit de la table renversée et le tapage que font les combattans. Dans le même moment, la porte d'entrée ordinaire, violemment ébranlée par des coups de crosse donnés du dehors, se fend et s'entr'ouvre.*)

PLUSIEURS VOIX, *du dehors.*

Le coup vient de cette maison. Ouvrez-nous !

ANTONIA, *tremblante.*

Pétro, va donc ouvrir.

PÉTRO.

J'vas mourir avec vous, si vous voulez, mam'zelle ; mais, pour faire un pas, voyez-vous....

PLUSIEURS VOIX, *du dehors.*

Ouvrirez-vous ?...

(*Tumulte, cris, la porte est enfoncée. Antonia tombe à genoux.*)

ANTONIA.

Mon Dieu, sera-ce la fin de tous mes maux ?

Antonia. 3

SCÈNE X.

Les mêmes, SOLDATS, SENNEVILLE.

Les grenadiers brisent la porte du cellier. On voit les débris de la table. Les habitans armés, les uns étendus, les autres entraînés. Deux militaires en poussent un vers l'avant-scene. Toutes les baïonnettes sont dirigées sur lui.

SCÈNE XI.

Les précédens, VICTOR.

VICTOR.

Arrêtez !...

SENNEVILLE.

Il a tiré sur les nôtres à bout portant.

VICTOR, *relevant les baïonnettes.*

Les lois en feront justice.

PÉTRO.

C'est M. Victor !

VICTOR.

Antonia ! (*Aux soldats.*) Qu'allez-vous faire ? Se venger ainsi, c'est partager les torts de ceux qu'on veut punir.

PÉTRO, *ranimé.*

D'ailleurs, voyez-vous, c'est.... pas le maître de la maison qu'a fait ça.... Ah ! ben oui !...

VICTOR, *continuant.*

Je le sais. Le propriétaire de cette ferme, tranquillement assis près de la route, et sans armes...., regardait avec quelques amis le passage de nos troupes ; je l'ai reconnu. J'ai logé dans ces lieux six mois entiers. Que voulez-vous que les habitans pensent de vous, s'ils vous trouvent occupés à dévaster la propriété de l'homme paisible ? Que ce traître soit jugé sur-le-champ.

PÉTRO, *à lui-même.*

V'la c'que j'appelle un bon militaire, moi.

VICTOR.

Lieutenant Senneville, retournez à la grand'garde, et qu'un piquet de vingt hommes reste, jusqu'au soir, dans la première cour, pour la sûreté de ce domaine. Allez....

PÉTRO, *les reconduisant.*

C'est ça.... Pas d'charge.... Marche !...

SCÈNE XII.

PÉTRO, VICTOR, ANTONIA.

ANTONIA *à Victor*.

Toujours de nouveaux bienfaits!

VICTOR.

Antonia!... (*Il porte les yeux attentivement sur le voile qui la couvre.*) Que vois-je? Des habits de fête; le lendemain de mon départ. (*Antonia baisse les yeux vers la terre.*) Quand, le cœur brisé de notre séparation imprévue, j'aurais affronté la mort la plus cruelle pour vous revoir un seul instant! (*Antonia porte son mouchoir à ses yeux et pleure.*) (*Il regarde autour de lui.*) Antonia!... (*Il aperçoit les présens étalés sur des siéges.*) Vous ne répondez rien? (*à Pétro.*) Parle donc, toi.

PÉTRO.

J'vas vous dire, c'est que... j' n'ose pas...

VICTOR, *examinant*.

Au nom du ciel, Antonia, répondez, que veulent dire ces apprêts?

PÉTRO.

Ah! ça, par exemple, c'est pas d' sa faute!

VICTOR.

Sa faute! (*Il soulève les étoffes avec inquiétude.*) Mes mains tremblent... je touche avec effroi. (*Il voit un chapeau de mariée.*) Dieu!

PÉTRO.

Fallait qu'ça éclate.

VICTOR.

Je doute si je veille!

(*Il prend le bouquet.*)

PÉTRO.

Allons, v'la l' bouquet.

VICTOR, *se contraignant*.

C'est à vous... Antonia?

ANTONIA, *étouffant des sanglots*.

Oui.

VICTOR.

Ces fleurs?

ANTONIA.

Ces fleurs...

VICTOR.

Et le troisième jour n'est point encore écoulé, depuis que dans la vallée vous me fîtes le serment... vous le rappelez-vous? le serment de m'aimer toute la vie!

ANTONIA.

Je le tiendrai!

VICTOR.

Est-ce ainsi?..

ANTONIA.

Mon père ne peut commander à mon cœur ou l'amour ou la haine, mais il peut disposer de la main de sa fille.

VICTOR.

Il peut... ainsi vous pensez sous mes yeux...

ANTONIA.

Non, Victor, sous vos yeux, je n'en aurai pas le courage! je vous croyais éloigné pour long-temps, pour toujours... j'aurais obéi, pour ne point mourir accablée de la malédiction d'un père... mais je serais morte en prononçant votre nom... oui, je serais morte de douleur et d'amour.

VICTOR.

Eh! bien, cet odieux hymen ne s'accomplira pas!

ANTONIA.

Vous allez nous perdre tous!..

SCÈNE XIII.

Les mêmes, UN OFFICIER, Soldats.

L'OFFICIER.

Capitaine, un corps d'ennemis sortis des murs de Milan, se dirige sur le point que nous occupons.

VICTOR.

Tenez la compagnie prête et sous les armes!..

L'OFFICIER.

Quelques groupes, malgré la présence d'un détachement nombreux voulaient se réunir vers les murs de ce vieil édifice qui a déjà servi de refuge à l'ennemi.

ANTONIA, *à elle même.*

Grand dieu!

VICTOR.

Qu'on garde soigneusement les portes du souterrain...
(*L'officier sort.*)

ANTONIA, *à Pétro.*

Cours au devant de mon père... recommande lui la prudence... Oh mon dieu ! que sa haine ne le perde point !

PÉTRO.

Oui, m'am'zelle, j' vas lui dire... je ne sais pas trop c' que j' lui dirai, mais c'est égal.

VICTOR.

Antonia, vous n'obéirez point à un ordre barbare ?...

ANTONIA.

La nature et le ciel m'en imposent la loi !

VICTOR.

Non, le ciel punit le parjure, et vos sermens... Jamais, jamais : un autre... cette idée bouleverse tous mes sens.

ANTONIA.

Laissez-moi m'éloigner.

VICTOR, *la retenant.*

Non... (*Il regarde autour de lui.*) Mais ne paraîtra-t-il pas, ce rival que j'abhorre ? où le trouver ; qu'au prix de tout son sang !..

ANTONIA.

Victor... au nom de notre amour, calmez ce délire... si mon père... (*Elle regarde par la porte d'entrée.*) Laissez-moi fuir !

VICTOR.

Antonia, vous m'abandonnez ?

(*Elle veut s'échapper, Victor la retient.*)

SCENE XIV.

Les Mêmes, TOREZZO ; *il entre par la porte à gauche, aperçoit le mouvement d'Antonia et celui de Victor.*

TOREZZO.

Que vois-je? (*A ce cri, Antonia s'arrête stupéfaite, Victor reste en suspens.*) La fille de Germani, ma fiancée, exposée à l'insulte de ce misérable !

VICTOR.

C'est lui!

(*Torezzo cherche des yeux, arrache une barre de fer qui sert à tenir les volets de la ferme, et fond sur Victor.*)

TOREZZO.

Scélérat!

(*Victor tire son sabre.*)

VOIX AU DEHORS.

Aux armes!

ANTONIA.

Arrêtez!.. il m'a protégée contre la fureur de ces soldats.

(*Torezzo, au moment où il s'élance pour frapper Victor, est saisi malgré ses efforts, par des soldats qui se précipitent dans la maison.*)

VICTOR.

Laissez-lui la vie!.. un officier français ne connaît point la vengeance!

SCÈNE XV.

Les mêmes, GERMANI.

GERMANI, *sur le seuil de la porte.*

Ma maison envahie!.. Torezzo maltraité, et par cet étranger odieux...

(*En disant ces mots rapides, il couche en joue Victor avec un fusil. Antonia voit son geste et fait un mouvement pour l'arrêter.*)

ANTONIA.

Mon père, il venait sauver nos jours.

(*Elle se jette à ses genoux, et lui montre le billet de Victor.*)

GERMANI, *s'arrêtant tout-à-coup.*

Lui!

TABLEAU.

ACTE II.

Pendant la musique qui précède le deuxième acte, les canons, la musique militaire, les tambours et la fusillade n'ont pas cessé de se faire entendre.

Le théâtre représente une plaine traversée par une route bordée d'arbres et de buissons. Au-delà de la route, le champ de bataille, où sont entassés des débris de caissons, de train d'artillerie, d'armes, etc. Les murs du clos de la ferme de Germani occupent les deux premiers plans à droite du spectateur. Une petite porte est percée dans le mur. Au deuxième plan, à gauche, une aile d'un vieux bâtiment. Dans le fond, on aperçoit les murs de Milan.

Au lever de la toile, Victor étendu sur la route, au fond, paraît avoir voulu s'éloigner du champ de bataille, pour trouver un asile, et ses forces le trahissant, il est tombé, malgré le secours d'un tronçon de sabre dont il se fait un soutien. On le voit se traîner jusqu'au fourré d'une haie qui borde la route, et retomber encore épuisé.

SCÈNE PREMIÈRE.

VICTOR seul.

Je mourrai.... loin de la patrie, mais digne d'elle! j'ai fait mon devoir. (*Interruption.*) O ma mère! c'est toi que je plains. (*Il essaye encore de se relever, porte la main sur son cœur.*) Chère Antonia!.... (*Il étend les bras vers les murs du clos, tombe inanimé au pied d'un buisson, au moment où la petite porte s'entr'ouvrant laisse apercevoir les plis d'un vêtement blanc, et la lueur d'une torche que tient une main qui se retire vivement, au bruit de plusieurs voix entendues dans l'éloignement.*)

SCÈNE II.

VICTOR *sous le buisson*, TOREZZO, GERMANI,
HOMMES ARMÉS.

TOREZZO.

Vous voilà sur vos terres encore affranchies, cher Germani.

GERMANI.

Dieu merci ; maintenant que le général a pris position sur tous les points avec son corps d'armée, le Milanais sera tranquille, et nous pourrons reposer sans crainte.

TOREZZO.

C'est une victoire chèrement achetée !...

GERMANI.

Oui ; mais complète, malgré la résistance opiniâtre de l'ennemi.

TOREZZO.

Le corps de réserve milanais est venu bien à temps pour décider le sort de la journée.

GERMANI.

Dites de toute la campagne. Les étrangers sont en pleine déroute.

TOREZZO.

Vous y avez contribué de tout votre courage, Germani.

GERMANI.

Outre la dette commune, que je payais en fidèle Milanais, j'avais encore mon injure personnelle à venger : car c'en était une pour moi que la protection de ce Victor, qui dans son affectation à préserver mes propriétés, ma famille de la fureur des siens, semblait séparer ma cause de celle des autres habitans.

TOREZZO.

Il n'excitera plus la haine de personne. Le dernier de sa compagnie.... je l'ai vu tomber tout sanglant sur un monceau de cadavres....

GERMANI.

Et puisse ainsi périr jusqu'au dernier de nos ennemis !...

TOREZZO.

La nuit est avancée; votre absence doit être pour votre Antonia une source de mortelle inquiétude... Allez promptement rassurer sa tendresse.

GERMANI.

Elle sait tout. Un de nos compagnons lui a porté la nouvelle de notre victoire.

TOREZZO.

J'irais vous conduire jusque dans ses bras, si les intérêts du pays ne m'appelaient ailleurs.... Mais dites-lui bien que rien de ce qu'elle pourrait désirer ne coûterait à mon cœur pour mériter son estime et son attachement....

GERMANI *lui donnant la main.*

Les événemens de la journée ne changent rien à ma détermination. C'est toujours demain que vous serez son époux.

TOREZZO.

A demain donc.

GERMANI *va pour ouvrir avec sa clé la porte du clos.*

La porte est fermée en dedans.... Par crainte, Pétro aura mis le verrou....

TOREZZO.

Eh bien! nous allons faire le tour, et vous conduire jusqu'à la grande porte.

GERMANI.

Je puis aller seul; il n'y a pas de danger....

TOREZZO.

Le clos est vaste.

GERMANI.

Vingt minutes de marche.

TOREZZO.

Après un combat aussi opiniâtre, il ne faut qu'une mauvaise rencontre, un ennemi furieux.... Je ne vous quitte pas que vous ne soyez rentré.

GERMANI.

Eh bien! venez. (*Ils sortent par le fond à gauche.*)

Au moment où les habitans armés ont tourné le mur, on entend le bruit du verrou; la petite porte s'ouvre de nouveau. Antonia paraît vêtue à peine, échevelée, tenant un petit panier, qu'elle pose sur un banc de pierre, près la porte du clos. Ses pas sont incertains; elle promène ses regards autour d'elle avec inquiétude, à mesure qu'elle avance, et prête attentivement l'oreille.

Antonia.

SCÈNE III.

VICTOR, ANTONIA.

ANTONIA.

Le bruit a cessé.... Me voilà seule.... Mon Dieu, donne-moi du courage..... Guide ma marche tremblante..... Je ne vais pas me jeter dans les bras d'un ravisseur... C'est un devoir sacré que je veux accomplir.... Victor a préservé la pauvre Antonia de l'outrage.... Il a sauvé mon père.... Mon père....! Et c'est lui qui m'a dit que les barbares ne gardaient point de prisonniers..... lui qui savait.... Depuis cet affreux moment, lorsque de ma croisée, dans l'ombre de la nuit, je voyais de loin sur la route ces subites lueurs que suivaient des coups répétés ... chaque détonnation frappait sur mon cœur.... Je voyais Victor tomber.... et je me sentais mourir..... Ah! si l'infortuné n'a pu se dérober au carnage, étendu sur la terre, dans le sang, parmi les morts, il murmure peut-être à sa dernière heure le nom d'Antonia; peut-être il m'appelle à son secours, il n'attend que moi pour lui fermer les yeux.... Me voilà! Victor!.. me voilà! j'accours au rendez-vous.... Si j'arrive trop tard.... demain ils me retrouveront froide à tes côtés.

Elle se dirige égarée vers le fond. Victor a fait un effort pour se soulever. Au moment où elle passe près de lui, il étend la main pour saisir son vêtement, et retombe avec un soupir étouffé. Le bruit de son corps sur les feuilles du buisson frappe Antonia.

ANTONIA.

Des sons plaintifs?... (*Elle se baisse et cherche autour d'elle. Victor fait un nouvel effort en avançant la main.*) Je frissonne malgré moi!...

VICTOR, *d'une voix éteinte.*

Antonia!... (*Sa main toujours soulevée a pu saisir celle de Antonia.*)

ANTONIA *avec effroi.*

Une main glacée.... (*Elle regarde.*) Dieu!... (*Victor retombe. Elle a un genou en terre; elle écarte les feuilles d'une main.*) C'est lui.... Victor.... ses yeux se ferment.... Victor!...(*Elle le considère avec un tremblement convulsif.*) Il est mort!.... (*Elle tombe la tête sur le sein de Victor. Elle se relève tout-à-coup avec un mouvement rapide*) O mon Dieu! tu me protéges!... j'ai senti son cœur battre.... (*Elle s'approche de son visage.*) Il respire...

VICTOR, *porte à ses lèvres la main d'Antonia.*

C'est toi !...

ANTONIA.

Oui... (*Elle cherche à le soulever.*) Viens... viens... (*Il reste immobile.*) Ne peux-tu suivre Antonia ! (*Il porte la main sur sa poitrine.*) Son sang coule encore.
(*Elle déchire un voile jeté sur ses épaules et cherche à panser sa blessure.*)

VICTOR.

Tu fais de vains efforts...

ANTONIA, *avec anxiété.*

Attends. (*Elle va chercher son panier d'où elle tire un flacon, en verse quelques gouttes sur son voile.*) Ce baume salutaire dont nos bergers se servent pour guérir leurs blessures pourra peut-être...

VICTOR.

Antonia... merci... de tes soins... ils me rendent le trépas plus doux...

ANTONIA.

Que dis-tu ?

VICTOR, *avec affaissement.*

Tu vois... je vais mourir... oui... sur le champ de bataille, et près... de toi...

ANTONIA *s'étant emparé d'une gourde suspendue au col de Victor, la lui présente.*

Cette liqueur peut ranimer tes forces.

VICTOR.

Tu le veux... donne... (*Il boit ; elle l'entoure de soins et cherche à le soulever. Il la regarde avec admiration.*) Bonne Antonia !

ANTONIA.

Silence !... des Milanais... ils viennent de ce côté, ils peuvent t'apercevoir... Moi-même, trahie par la blancheur de ce vêtement... Que faire ?... (*Elle entoure Victor de feuillage, et se cache elle-même à tous les yeux. Un groupe de Milanais armés traverse la scène et disparaît.*) Ils sont partis !
(*Elle s'approche de Victor, et veut lui rattacher sa croix prête à tomber.*

VICTOR.

Non... garde-la... comme un dernier gage...

(*Antonia met la croix dans son sein.*)

ANTONIA.

Il me sera bien cher!... Ah! si tu pouvais seulement... Tout-à-l'heure des hommes ont passé... d'autres pourraient encore... Les Milanais sont exaspérés. Malheur aux blessés qui tomberaient entre leurs mains!

VICTOR, *à moitié soulevé.*

Je n'ai plus rien à craindre.

ANTONIA.

Mon père lui-même, oubliant ce que tu fis pour nous, se réjouirait peut-être du spectacle de tes souffrances.

VICTOR, *ramassant son sabre brisé, et s'en faisant un poignard.*

Avec cela crois-tu que je ne puisse pas m'épargner les supplices?

ANTONIA, *les yeux levés vers le ciel, et le lui montrant du doigt.*

Et Dieu!...

VICTOR *avec doute.*

Dieu! (*avec amour*) oui j'adore sa bonté, puisqu'il t'a conduite près de moi... (*l'arme échappe de ses mains*).

SCÈNE IV.

VICTOR, ANTONIA, PETRO *dans le clos.*

PETRO, *qu'on entend dans le lointain.*

Mam'zelle Antonia!... mam'zelle Antonia!... (*la voix se rapproche*). Ousqu'elle peut être... Mam'zelle Antonia.

ANTONIA, *écoutant.*

Je crois entendre....

PETRO, *arrivant à la petite porte.*

J'en peux plus d'avoir couru... (*il regarde*). La porte ouverte! Elle s'rait sortie par là?... (*il avance avec précaution et dit à demi-voix*) Mam'zelle Antonia...

ANTONIA.

C'est Pétro!... Pétro!...

PÉTRO, *à haute voix.*

Vous sur la route à c't' heure...

ANTONIA.

Tais-toi!...

PETRO.

V'nez vite.

ANTONIA.

Écoute...

PETRO.

Votre père est arrivé, il vous demande !...

ANTONIA.

Ciel !...

PETRO.

Dès que j'lai entendu à la grand'porte... j'ai pris mes jambes à mon cou... J'vous croyais dans l'clos... Je m'tuais d'appeler mam'zelle Antonia ! Ah ben oui...

ANTONIA.

Que faire ?...

VICTOR.

Ne point vous compromettre. Abondonner un malheureux.

ANTONIA.

Victor !

PÉTRO, *tremblant.*

Quoi vous n'êtes pas seul mam'zelle... (*elle le prend par le bras sans lui rien dire et l'amène près de l'officier qui lui tend la main*) M. Victor !... Ah mon Dieu, si on s'doutait... (*il court à la petite porte*) On va vous chercher partout, j'sais ben qu'il faut le temps, y n'courront pas si vite que moi... C'est égal... Si on découvre l'officier nous sommes tous perdus... Encore moi ! Eh mon Dieu pour vous deux j'donnerais ma vie sans r'gret, pourvu qu'on m'tue tout d'suite... parc'qu'avec leurs jugemens, leurs exécutions militaires, ça m'donne la chair de poule.

VICTOR, *soulevé sur un genou et sur un bras.*

Antonia, partez...

ANTONIA.

Ah ! jamais. (*elle aide toujours Victor*).

PÉTRO, *retourné à la porte.*

Je n'sais pas si c'est la peur que j'en ai, mais j'crois voir des lumières entre les arbres...

ANTONIA, *après avoir réfléchi, indique le vieil édifice.*

C'est là... Oui... C'est-là qu'il faut aller...

PETRO.

C'est une bonne idée.

ANTONIA *soulève Victor, et dit à Pétro.*

Reste près de la porte du clos.

PETRO, *voulant l'aider.*

Mais vous n'pourrez jamais.

ANTONIA, *parvenue à mettre sur ses pieds Victor qui l'entoure de son bras.*

Tu ne sais pas ce que donne de force la reconnaissance.

VICTOR, *essayant de marcher.*

Ange de bonté, de vertu !

PETRO.

C'est sûr que j'entends des voix.

ANTONIA.

Je ne t'abandonnerai point que tu ne sois à l'abri... Plûtôt mourir ensemble.

PETRO.

Vaudrait mieux vivre si nous pouvons l'sauver.

ANTONIA.

Oui, sauvons-le !

PETRO.

Y a là à droite dans les ruines, un grand banc.., Voyez vous dans l'enfoncement noir... Y n'sra pas vu... dépêchez... vous... (*Antonia soulève Victor et l'entraîne derrière le vieux bâtiment*).

VICTOR.

L'existence me devient précieuse, puisque je vous la dois.. mais je tremble pour vous.

ANTONIA.

Je suis trop heureuse pour rien redouter.

PETRO *est retourné à la porte du clos, il recule effrayé.*

C'est fait de nous !... (*il court à Antonia*) Ils viennent par ici, ne bougez pas !... (*il tombe à genoux et entraîne Antonia*) Que la Madone nous protège ! prions ensemble, c'est ce que nous avons de mieux à faire pour son salut et pour le nôtre !

SCENE V.

LES PRÉCÉDENS, VICTOR *caché*, GERMANI, STEFANO, HOMMES ARMÉS, *arrivant tous par le clos.*

GERMANI.

Je n'y comprends rien, Nadelle assure qu'ils étaient dans la maison un moment avant mon arrivée. (*Il arrive en scène.*)

PETRO, *s'approchant*.

Si c'est d'nous qu'vous parlez not' maître, v'là mam'zelle Antonia avec moi, en prière.

ANTONIA, *se lève et court à Germani*.

Mon père !

GERMANI, *sévèrement*.

Comment à pareille heure êtes-vous sortie de l'habitation ?

PETRO.

C'est ce que je me suis permis d'dire à mam'zelle, mais qu'voulez-vous, l'inquiétude après ce qui s'est passé... Et puis comme c'était la route pour revenir... Mam'zelle allait au-devant de vous... (*à part*) Faut ben l'excuser...

GERMANI.

N'en parlons plus, nous voilà réunis... C'est tout ce que je désirais... Ne perdons pas de temps... (*appelant*) Stefano, va chercher à la ferme les objets que tu m'as vu déposer dans ma chambre... (*Stéphano salue respectueusement et sort*). Toi, Pétro, va porter cette lettre... (*il lui donne une lettre, Pétro regarde l'adresse et lit*).

PETRO.

Le pasteur du village ?... Tiens !... Pourquoi faire ?

GERMANI.

Tu m'as entendu ?... Obéis !

PETRO.

C'est dit... Mais que je vous éclaire seulement pour rentrer...

GERMANI.

C'est inutile... Je reste... Allons, pars !

PETRO.

Me v'là parti... (*à part*) Je tremble qu'il ne découvre not' jeune homme... Heureusement que mam'zelle reste !... (*haut*) me v'là parti !

(*Il sort en courant et en jetant un coup-d'œil du côté de Victor.*)

ANTONIA, *avec inquiétude*.

Ne rentrons-nous pas, mon père ?

GERMANI, *avec intention*.

Nous rentrerons tous ensemble... J'attends Torezzo.

ANTONIA, *effrayée*.

Torezzo ?

GERMANI.

Oui, Antonia... Nous n'avons que peu d'instans à le voir... au point du jour, il nous quitte.

ANTONIA.

Ciel !

GERMANI.

Un ordre qu'il vient de recevoir l'oblige à s'absenter pour porter du renfort du côté de Milan...

ANTONIA, *à part.*

Je respire !

GERMANI.

Dans ces circonstances, où le salut de notre pays commande impérieusement, je dois vous dire, Antonia, ce que j'attends de vous...

ANTONIA.

Je vous écoute, mon père.

GERMANI.

Satisfait de pouvoir confier la jeunesse de ma fille à l'amour d'un honnête homme, d'un brave Milannais, je voulais par là, assurer son sort avant ma dernière heure, car qui peut compter sur un jour d'existence dans ce temps déplorable? C'était une satisfaction pour moi de te voir adoptée par une famille qui possède l'estime générale... Si dans cette lutte terrible que nous avons à soutenir, Torezzo succombe.... eh! bien, me disais-je, le nom de cet époux, justement révéré, sera encore un beau titre pour ma fille ! son souvenir la protégera !... Mais l'ordre inattendu que Torezzo vient de recevoir aurait détruit toutes mes espérances, si une inspiration subite ne m'eût donné les moyens de les accomplir.

ANTONIA.

Que voulez-vous dire ?....

GERMANI.

Des circonstances imprévues naissent les moyens extrêmes. Le chagrin qu'éprouvait Torezzo, l'incertitude sur l'instant de son retour, mes craintes pour l'avenir, tout se réunissait pour accroître mon tourment, j'ai voulu tout applanir.

ANTONIA, *avec effroi.*

De grâce mon père expliquez-vous...

GERMANI.

J'attends ici Torezzo et ses amis... Tu sais que ta main lui est promise.

ANTONIA.

Hé bien ! (*à part.*) Je n'ose croire... (*Haut.*) Mon père ! (*La porte du clos s'ouvre, Stéfano parait suivi de quelques femmes qui portent le voile, Antonia les apperçoit.*) Que vois-je ? mon père !... vous voulez ?.. non, non... C'est impossible !

(*Elle fait deux pas vers lui les mains étendues.*)

GERMANI.

Que dis-tu? ta promesse... mon désir... elle ne m'entend plus! (*Antonia est sans force, Germani aidé de Stéfano, de Pétro qui vient de rentrer en scène, et des femmes, la place sur un banc près de la porte du clos.*) Je ne sais quel doute involontaire s'élève dans mon esprit... Si Torezzo n'avait vu tomber ce français... je croirais.. Repoussons une affreuse idée!... cet évanouissement n'est que l'effet de la surprise... Contracter un hymen au milieu d'une nuit désastreuse, au bruit des armes! (*Il se rapproche d'Antonia.*) Ce n'est rien, elle reprend ses esprits. Qu'en r'ouvrant les yeux elle n'ai plus de combat à soutenir avec elle-même... (*Sur les gestes indicatifs de Germani, Antonia est parée du voile et du bouquet.*) Qu'elle soit parée, conduite à l'autel avant d'avoir pu réfléchir... (*Antonia fait un mouvement.*) Torezzo approche, terminons.

(*Il va au-devant de Torezzo qui arrive accompagné de deux officiers.*)

SCÈNE VI.

Les Précédens, TOREZZO, deux Officiers.

TOREZZO, *à Germani.*

Déjà au rendez-vous! me serais-je fait attendre?

GERMANI.

Ma fille est là.

TOREZZO, *à Germani.*

Permettez que je vous présente mes témoins, officiers dans le régiment qui doit partir avec nous au point du jour. Ils veulent bien me consacrer la dernière heure de la nuit, pendant que leurs troupes se disposent à se mettre en route. (*Salutations réciproques.*) Venez, mes amis, offrir vos hommages à ma belle fiancée. (*Il s'approche.*) Quelle pâleur mortelle répandue sur tous ses traits!...

GERMANI.

Ce n'est qu'une émotion passagère...

TOREZZO, *s'approchant d'Antonia qui, les yeux fixes, est restée immobile sans rien voir et sans rien entendre autour d'elle, il lui prend la main.*

Chère Antonia!

ANTONIA, *frémissant.*

Qui m'appelle?

Antonia.   5

GERMANI, *l'aidant à se lever.*

Allons, ma fille.

ANTONIA, *revenant à elle.*

C'est la voix de mon père. (*Elle le regarde fixement.*) Où me conduisez-vous?

GERMANI.

Je vous l'ai dit, Torezzo va recevoir votre main.

ANTONIA.

Torezzo! (*à part.*) Et Victor?... (*Elle se précipite sur Torezzo surpris, et lui saisit le bras.*) Ayez pitié de moi, ne laissez pénétrer personne dans ce lieu!... Demandez à me parler un moment sans témoins, ou j'expire à vos yeux.

TOREZZO, *l'examinant avec étonnement.*

J'ai dit à votre père que rien ne me coûterait pour mériter votre attachement... Je vais remplir vos intentions. (*Il s'avance près de Germani.*) Mon cher Germani, permettez que je m'entretienne avec Antonia quelques instans. Laissez-moi ramener un peu de calme dans ses sens troublés avant que notre union s'accomplisse.

GERMANI.

Vous êtes le maître. Je vais voir pendant ce tems si nos ordres sont exécutés.

Il sort après avoir fait signe aux villageois de rentrer dans le clos. Les deux amis de Torezzo s'éloignent également.

SCÈNE VII.

ANTONIA, TOREZZO, les deux Officiers dans le fond.

ANTONIA.

Ma main vous est promise, Torezzo, et mon père m'assure que vous voulez faire mon bonheur.

TOREZZO.

C'est le vœu de mon cœur, chère Antonia, et aucun sacrifice ne me coûtera...

ANTONIA.

Si avant de m'unir à vous par des liens sacrés, je vous demandais une grâce, me l'accorderiez-vous?

TOREZZO.

Ah! parlez, je suis prêt.

ANTONIA.

Et si cette grâce était en faveur d'un ennemi?

TOREZZO, *indigné.*

D'un ennemi!

ANTONIA.

Oui d'un ennemi... mais malheureux, sans défense, blessé.... mourant... trouveriez-vous dans votre cœur assez d'humanité pour ne point le livrer à la fureur des habitans. L'amour de la patrie est un sentiment trop noble pour étouffer en vous un sentiment généreux.

TOREZZO.

Achevez.

ANTONIA.

Sans abri, sans secours, échappé tout sanglant au carnage, un officier se traînait sur la route, j'étais avec Petro; je connais la haine de nos habitans... Il eût péri... ce lieu me parut un asile du moment... Il est là!...

TOREZZO.

Dans cette ruine?

ANTONIA.

C'est un Français; sa mort est certaine si l'on entre et qu'il soit aperçu. Ma main, mon cœur... ma vie, je vous offre tout si vous le sauvez; sauvez-le!

TOREZZO.

Vous l'aimez!

ANTONIA.

Nous lui devons tout; mon père la conservation de ses richesses... moi l'honneur, vous-même la vie. Ce matin, à la ferme...

TOREZZO.

Quoi! c'est celui...

ANTONIA.

Que la reconnaissance vous ordonne de protéger; et si vous ne voulez que je tombe la première sous le poignard de mon père, sauvez le, qu'il parte, qu'il retourne dans sa patrie; rendez-lui ce qu'il a fait pour vous, pour moi, pour nous tous.

TOREZZO.

C'est moi que vous osez choisir?

ANTONIA.

J'ai dû croire à l'homme qui veut m'attacher à son sort, un cœur digne de comprendre le mien... Un refus, et vous prenez deux victimes... Ce bienfait de votre générosité... et je cours avec ivresse jurer devant Dieu de n'avoir jamais d'autre pensée que votre bonheur !

TOREZZO.

Ah ! la récompense est trop belle pour que je balance davantage ! Sur le champ de bataille, cet ennemi n'eût trouvé que mon glaive prêt à le frapper ; mais il est malheureux, le sort a trahi sa valeur... Antonia l'exige ! Mon cœur n'est point sourd à la voix de l'honneur ; je le sauverai... Contenez-vous. (*Il appelle.*) Tonio ! (*Tonio s'approche.*) Fais approcher une des litières couvertes pour le transport des blessés. Attends ici devant, sur la route, et tu resteras avec quatre de mes hommes aux ordres de la personne que je vais vous confier. (*Tonio s'éloigne et Torezzo dit à Antonia:*) Le faire sortir par cette porte est impraticable, son uniforme le trahirait. Je vais indiquer à Pétro un moyen sûr.

(*Il s'approche de Pétro.*)

ANTONIA.

Dieu puissant ! toi seul a pu comprendre toute l'étendue de mon sacrifice !... Mais je suis calme... heureuse !... il vivra.

(*Elle reste absorbée dans ses réflexions.*)

TOREZZO, à Pétro.

C'est par cette issue que les nôtres ont souvent échappé à l'ennemi ; il en trouvera facilement l'entrée par les moyens que je viens de t'indiquer ; ramené par un long souterrain vers ces ruines, il trouvera des vêtemens qui favoriseront sa fuite. Qu'il attende alors ton signal. Une fois dans la litière, hors de cette dépendance, (*Il fouille dans son portefeuille et en tire plusieurs papiers.*) l'un de ces sauf-conduits assurera, dans tous les cas possibles, et sa vie et sa liberté.

Pétro se jette sur les mains de Torezzo qu'il baise, et se met en devoir d'exécuter ce qui vient de lui être recommandé. Il va trouver Victor. Il regarde s'il n'est pas aperçu, ouvre la porte de l'édifice, et Victor entre dans l'intérieur. Antonia suit ce mouvement avec inquiétude ; Torezzo la rassure ; à peine est-il relevé que Germani paraît à l'intérieur.)

ANTONIA.

Homme généreux !

(*Par reconnaissance, elle veut tomber à ses genoux.*)

TOREZZO, la retenant.

Votre père !...

SCÈNE VIII.

Les Précédens, PETRO, GERMANI; amis de Torezzo, hommes armés, amis de Germani, femmes, etc.

GERMANI *revient du fond avec ses amis, un groupe d'hommes armés l'accompagne, les témoins de Torezzo s'approchent de lui, les femmes sortent du clos.*

Tout est prêt, venez-vous, ma fille?

ANTONIA, *avec un grand effort.*

Je vous suis.

GERMANI.

Entrons.

Deux jeunes filles prennent la main d'Antonia pour la conduire au temple; Torezzo se place près de ses témoins; un petit cortége se forme. On entre dans le temple, à l'exception des hommes armés qui restent en scène, et paraissent destinés à protéger cette cérémonie, en allant se mettre en embuscade sur la route. En même temps, Pétro arrive avec les hommes portant la litière, que l'on place à l'encoignure du mur du clos.

PÉTRO, *aux gens qui portent la litière.*

Placez-vous là. (*Il vient frapper trois coups sur une dalle de pierre; elle se soulève et laisse apercevoir Victor couvert d'un grand manteau.*) De la prudence! ils sont là.

Victor, guidé par Pétro, sort tout-à-fait, et se dirige du côté de la litière; les hommes armés le laissent passer. Près d'arriver à la litière, il se retourne, jette un dernier regard dans l'intérieur de l'édifice, et voit les apprêts de la célébration du mariage d'Antonia.

VICTOR.

Que vois-je? Antonia au pied des autels! On me trompait!

(*Surprise des habitans.*)

En disant ces mots, il fait un violent mouvement; son manteau s'écarte, et laisse voir son habit miliaire.

TOUS.

Un ennemi!

(*Ils se précipitent sur lui. Victor cherche à se défendre.*)

TOUS.

Mort à l'étranger!

(*Toutes les armes sont levées sur Victor.*)

SCÈNE IX.

Les Précédens, ANTONIA, TOREZZO, tous les personnages, puis GERMANI.

(*Tout le monde sort du temple en tumulte. On crie de nouveau :* Mort à l'étranger.

ANTONIA.

Au nom du ciel, sauvez ses jours !

TOREZZO.

Inhumains ! il a sauvé vos femmes, vos enfans !

TOUS, *avec rage.*

Qu'il périsse ! qu'il périsse !

ANTONIA.

Barbares ! qu'allez-vous faire ?

GERMANI, *arrivant en scène.*

C'est lui, quoi ! il respire encore ! qu'il meure !

(*On saisit de nouveau Victor ; et, malgré les efforts de Torezzo et d'Antonia, on parvient à le jeter dans la cabane d'un chevrier placée sur le bord de la route, tandis qu'une partie des habitans sort rapidement, revient avec des torches, et met le feu à la cabane. En ce moment, des troupes italiennes régulières arrivent par le fond.*)

ANTONIA.

Sauvez-le !... Un Français... Là !... Il va périr. (*Quelques soldats cherchent à détruire l'effet de l'incendie ; pendant ce temps, l'autre partie maintient les habitans, Antonia s'élance dans les flammes en s'écriant :* Victor, je périrai avec toi ! (*Les habitans armés sont repoussés par les troupes ; Antonia sort de la cabane entraînant Victor.*) Le voilà ! le voilà !... Victor ! cher Victor !

(*Les habitans se précipitent sur Torezzo, et l'entraînent près des ruines, où il tombe sous leurs coups, malgré les efforts de Germani pour le préserver de leur fureur.*)

ANTONIA.

Victor ! ô ciel ! quelle nuit m'environne ! (*portant la main à ses yeux.*) Victor, je ne te vois plus.

PETRO.

O mon Dieu !

GERMANI, *revenant du fond.*

Malheureux Torezzo! il n'existe plus. (*A sa fille.*) Ah! toi seule es cause de sa mort! c'est ton indigne amour qu'il faut en accuser! L'honneur de notre pays, le défenseur de nos droits, vient de périr victime de sa générosité. Malheur, cent fois malheur sur toi. Fuis un pays que ta présence déshonore; emporte avec toi la haine de tes compatriotes et la malédiction de ton père.

(*Antonia veut revenir près de son père, qui la repousse, et elle tombe entre les bras de Pétro et des assistans.*)

TABLEAU.

Antonia, poursuivie par la malédiction de son père et des habitans, cherche à fuir; égarée, éperdue, elle ne sait où porter ses pas. Pétro la guide. Les troupes entourent Victor qui est fait prisonnier.

TABLEAU.

ACTE III.

Le Théâtre représente à gauche une espèce de café-restaurant, donnant sur une place publique de Grenoble, et ombragé d'arbres; à droite, sur le deuxième plan, est un hôtel d'une belle apparence, précédé d'un jardin clos d'un petit mur, surmonté d'une grille qui le met à découvert; au fond, une vue de la ville. Antonia occupe avec Pétro et Suzanne un petit logement au premier, chez Vincent, maître du café-restaurant; sa chambre donne en face de l'hôtel. Ce café porte pour enseigne : Café de la porte de Grenoble.

SCÈNE PREMIÈRE.

VINCENT, LAMBERT.

(*Lambert arrive au moment où Vincent ouvre son café.*)

VINCENT.

C'est M. Lambert.

LAMBERT.

Bonjour, papa Vincent.

VINCENT.

Comment, si matin?

LAMBERT.

Il y a du nouveau à l'hôtel; nous marions aujourd'hui la fille du général St.-Ange.

VINCENT.

Je croyais que ce n'était que dans quinze jours.

VINCENT.

Oui, d'abord, parce que le colonel Dorsan, notre futur, était en garnison à Toulon depuis qu'il a été échangé comme prisonnier; mais on a obtenu un congé pour se marier; on est arrivé hier soir très-tard, et comme on ne peut pas rester ici longtemps, il a été décidé que la cérémonie aurait lieu aujourd'hui à minuit précis.

VINCENT.

Et M. le maire de Grenoble y a consenti? ah! c'est différent.

LAMBERT.

C'est pourquoi je viens vous commander, pour la soirée, du punch et des glaces; à cinq heures le dîner, à huit le concert, et à minuit la célébration... et puis chacun ira se coucher; voilà l'ordre et la marche.

VINCENT.

Ça s'ra joliment gai!

LAMBERT.

C'est pas de ma faute. J'avais offert au général la musique d'un régiment de chasseurs pour faire danser ce soir; mais Madame, qui entre nous porte un peu le pantalon, n'a pas voulu; voilà le rigaudon à l'index, et j'ne le cache pas, ça me vexe!...

VINCENT.

Vous aimez la danse?

LAMBERT.

Avant d'être intendant du général, j'avais l'honneur d'être son premier brigadier; et Belle-Jambe (c'était mon nom de soldat), passait pour le Vestris du régiment... En ai-je fait danser, valser, dans ma vie, de ces belles Allemandes, et des Prussiennes, et des Bavaroises, et des Espagnoles, jusqu'à des Egyptiennes; allez-vous en au Kaire, et les Pyramides vous en diront des nouvelles, c'est écrit... Aussi une noce sans violon, c'est pour moi comme un dîner sans dessert... d'autant plus, voyez-vous, que le futur avait besoin d' ça, parce que, bon militaire d'ailleurs, qui a gagné ses éperons (sans compter l' grade de colonel, depuis notre retour de Milan), il n'a pas du tout l'air jovial.

VINCENT.

Il a peut-être un fond de chagrin.

LAMBERT.

Pour quel sujet? la fille d'un général, parti de vingt mille francs de rente au soleil, en Touraine, pays des pruneaux et de l'abondance... comme disent les troupiers : ça mettra joliment du beurre dans ses épinards.

VINCENT.

Aurez-vous beaucoup de monde?

LAMBERT.

Quarante personnes au dîner seulement, et une centaine à la soirée... cela me fait penser que j'aurai besoin de vot' petit commissionnaire, s'il est vacant.

VINCENT.

De Pétro?

LAMBERT.

Oui, c'est un bon garçon; j'ai déjà pensé à l'attacher à l'hôtel.

VINCENT.

Comment?

LAMBERT.

Comme les autres : la table, le logement, la livrée, des gages; car enfin, des commissions, ça n'est pas là un fixe.

VINCENT.

Oh! oh! il aime trop sa maîtresse pour la quitter.

LAMBERT.

Cette jeune Italienne ? C'est singulier que depuis cinq ans qu'elle demeure chez vous, vous n'ayez pu savoir...

VINCENT.

Je ne suis pas curieux; pourvu que mes locataires soient honnêtes... et puis elle est si triste, que je n'ai pas le courage de lui demander... je crains bien que la pauvre enfant ne soit comme tant d'autres, victime de quelqu'attachement!

LAMBERT.

Aveugle comme elle est!

VINCENT.

Elle ne l'a pas toujours été.

LAMBERT.

C'est bien dommage, car elle m'a tout l'air d'une personne bien intéressante.

VINCENT.

Oh! la douceur même; mais chut, voilà Pétro, vous pourrez en savoir davantage.

Antonia.

SCÈNE II.

Les Mêmes, PÉTRO.

LAMBERT.

Tu arrives bien, Pétro, je parlais de toi.

PÉTRO.

Vous êtes bien bon, M. Lambert.

LAMBERT.

Je disais au père Vincent que j'avais envie de te faire entrer au service du général.

PÉTRO.

Moi, j' vous r'mercie.

LAMBERT.

Tu r'fuses ton bonheur, pourquoi?

PÉTRO.

Parce que je n' veux entrer au service de personne.

LAMBERT.

Et comment appelles-tu c' que tu fais auprès de c'te jeune dame que j' te vois conduire, si c'est pas du service?

PÉTRO.

C'est d' la reconnaissance, ça M. Lambert, c'est une dette.

LAMBERT.

Diable!

PÉTRO.

Autrement j's'rais ben ingrat, vous n'êtes pas obligé d'savoir que c'était l'ange protecteur de ma famille : mon père, ma mère, pauvres hôteliers d'un mauvais village du Milanais, n'vivaient que d' sa bienfaisance; ma mère l'a nourrie, c'est vrai, aussi elle m'a toujours traité comme un frère, dès mon bas âge.

VINCENT.

Et lui il a fait pour elle ce qu'on ne fait pour personne, c'est elle qui me l'a dit, il a tout quitté, pays, famille.

PÉTRO.

M. Vincent, je vous en prie, ne parlez pas de ces choses-là...

LAMBERT.

Il faut que tu gagnes de bons gages pour lui être aussi attaché?

VINCENT.

De bons gages, il n'en reçoit pas un sol, c'est au contraire lui qui la soutient, ainsi que Suzanne, cette vieille milanaise qu'il a prise pour la servir et la distraire avec les from from de sa guitare.

PETRO, *voulant empêcher Vincent de parler.*

M. Vincent...

LAMBERT.

Mais comment fais-tu pour y suffire ?

VINCENT.

Il travaille toute la journée, rien ne le rebute... Et sans lui sa jeune maîtresse aurait peut-être été réduite, car ce n'est pas la vente de quelques bijoux qui pouvaient la soutenir long-temps.

PETRO.

M. Vincent, M. Vincent... Vous m'aviez pourtant promis le secret.

LAMBERT.

Il n'y a pas de quoi rougir, mon enfant... Au contraire... Ta conduite te fait honneur.

PETRO.

C'est que ma maîtresse ne se doute pas de tout ça, et que je serais désolé que ça lui revînt... Voyez-vous... M. Vincent a eu tort de vous dire ça... c'est comme moi si j'allais dire qu'il nous loge *gratis*...

LAMBERT.

C'est pas le défaut des propriétaires d'aujourd'hui !

PETRO.

Il m'a défendu d'en parler, aussi je n'en ai fait la confidence à personne.

LAMBERT.

Sois tranquille, Petro... On sera discret puisque tu le désires ; mais voilà une réflexion.

PETRO.

Voyons la réflexion.

LAMBERT.

Que ta maîtresse soit Italienne ou Champenoise, aveugle ou sourde, ça n'me r'garde pas, c'que j'pense, c'est qu'elle peut tomber malade, ou toi t'casser une jambe, enfin vot' situation me tracasse... Qui vous a fait venir à Grenoble ?...

PETRO.

Ah, M. Lambert, j'vas vous l'dire. Au fait... c'est l'espérance de r'trouver quelqu'un.

LAMBERT.

Et qui l'a abandonnée?..

PETRO.

L'abandonner! M. Victor, il en était incapable... Ah! s'il savait où nous sommes, je suis bien sûr qu'il accourrait près d'elle, fut-il au bout du monde; mais j'ai plûtôt peur qu'il n'en soit pas revenu, le brave jeune homme... et c'est ben pour faire plaisir à ma maîtresse que je le cherche tous les jours.

LAMBERT.

Tous les jours!

VINCENT.

Elle est sans doute venue à Grenoble exprès pour le retrouver.

PETRO.

Justement... Elle a su que les régimens et les prisonniers français qui revenaient de notre pays devaient passer dans cette ville... Et c'est pourquoi, aussitôt qu'il y a revue, ou qu'il arrive de la troupe, elle est aux aguets...

LAMBERT.

Pauvre fille!

PETRO.

Sans faire semblant de rien, je m'informe aux officiers ben honnêtement s'il n'y a pas un monsieur Victor... J'en ai déjà trouvé trois ou quatre... Mais pas celui que nous cherchons.

LAMBERT.

J'crois ben, y a tant d'Victor et d'officiers à Grenoble, c'est son nom de famille qu'il faudrait...

PETRO.

Nous ne le connaissons pas. Tout ce que je sais, c'est qu'il a été fait prisonnier, et que depuis on n'a pas eu de ses nouvelles.

LAMBERT.

En ce cas, mon enfant, j'crois que toutes vos recherches et rien.

PETRO.

C'est ce que je ne cesse de lui répéter; elle le sent bien, mais elle finit toujours par dire que si elle ne le r'trouve pas, elle mourra de chagrin, et puis elle pleure, et puis j' fais comme elle, et puis, pour la consoler, dès qu' j'entends un tambour, j' lui dis, j' vas voir: elle sourit... Son espérance m'en r' donne à moi-même, je n' sais comment; j' pars comme un fou, et j' reviens tristement lui dire: rien de nouveau, et c'est tous les jours la même chose. (*On voit au fond des musiciens de légion passer avec des instrumens; une vieille femme ouvre la croisée d'Antonia.*) On ouvre la fenêtre ; elle est levée, elle va v' nir respirer le frais... parc' que, voyez-vous, excepté les jours de revue, elle ne prend l'air le matin que après déjeûner, et le soir quand la chaleur est tombée.

VINCENT.

Ah ! mon dieu, souvent elle pourrait ben descendre dans la journée, ce côté est toujours solitaire.

PÉTRO.

M. Lambert, n'ayez pas l'air de m' parler devant elle comme si vous saviez queuque chose, parce que ça lui ferait d' la peine.

LAMBERT.

Sois tranquille : à propos j'oubliais, tiens voilà des lettres à porter. Ce sont des invitations pour notre soirée; chaque fois que j'aurai besoin de tes jambes, tes peines seront bien payées. (*à Vincent.*) Ah ça, qu'on soigne le punch et les glaces.

VINCENT.

Je suis élève de Tortoni?

LAMBERT.

Eh bien, à tantôt, mon brave !

(*Il s'éloigne.*)

VINCENT.

Allons, allons, je veux que le général soit content... occupons nous des provisions... (*Apelant dans l'intérieur.*) François, mon chapeau, je sors. Madame Vincent, descendez au comptoir.

(*François apporte le chapeau et rentre dans le café, tandis que Vincent rentre dans la ville par la grande porte à droite.*)

SCÈNE III.

PETRO, ANTONIA, SUZANNE.

PETRO.

Bonjour, mademoiselle.

ANTONIA.

C'est toi, Pétro ? (*La musique se fait entendre de l'hôtel.*) Entends-tu la musique militaire? Est-ce qu'il y a une revue aujourd'hui?

PETRO.

Je ne le crois pas ; c'est une aubade que les régimens de la garnison donnent au commandant, notre voisin, à l'occasion du mariage de sa fille, à c' qu'on dit.

ANTONIA.

Un mariage... On va l'unir sans doute à l'objet de ses affections..... et son père ne la repoussera pas de son sein,.. (*Elle s'appuie sur l'épaule de Pétro, et lui dit vivement après un silence.*) Pétro ! il y aura des militaires... beaucoup sans doute, à cette cérémonie... C'est peut-être aujourd'hui que nous devons le retrouver ? Pourquoi ne me réponds-tu rien ? Tu penses qu'aujourd'hui se passera comme hier, (*absorbée*) comme toujours !

PETRO.

Hélas !

ANTONIA.

Bon Pétro ! que de peines je te donne !... Je ne t'importunerai pas long-temps, va, le malheur épuise les forces.

PETRO.

Je vous en prie, Mademoiselle, ne me dites pas de ces choses là.

ANTONIA.

Je te fais du chagrin...... c'est mal, c'est bien mal, pas vrai ? Pardonne-moi ! (*Il lui baise la main qu'elle lui présente. La musique recommence.*) Tu verras ces officiers, n'est-ce pas ? Tu leur parleras de Victor ?

PETRO.

Oui ; dès que la réunion aura lieu, je ne quitterai plus la porte de l'hôtel....

ANTONIA.

Ah ! Pétro, tout mon héritage ne paierait point assez ton dévouement. Mon héritage ! que dis-je ?... N'ai-je pas tout perdu, fortune, parens, amis ?... Non, pas tout... tu ne m'as pas abandonnée, toi....

PETRO.

Jamais...... jamais...... je ne vous abandonnerai. Pardon, mam'zelle, si je vous laisse.... avec Suzanne, j'ai affaire. (*Antonia fait un signe par lequel elle exprime son consentement à ce qu'il sorte.*) (*à part.*) Allons porter mes dépêches d'abord, et revenons obéir à ses volontés.

(*Il sort après avoir regardé les adresses des lettres, et recommande sa maîtresse à la femme qui la garde.*)

SCÈNE IV.

ANTONIA, SUZANNE.

SUZANNE.

Mademoiselle, asséyez-vous.

(*Suzanne la fait asseoir auprès d'une table à gauche, près l'hôtel, et se tient à l'écart, s'occupant à coudre.*)

ANTONIA.

A deux pas de moi des apprêts de fête, du bonheur!... Ici, des larmes, la solitude... l'abandon ! Etait-ce là le sort qui devait attendre la fille du plus riche fermier du Milanais ?...... Ah ! Victor, je ne me plains pas.... c'est pour toi ; oui, chaque jour je me le répète ; je l'ai sauvé, le feu gagnait déjà sa chevelure... La mort dévorante errait autour de son front ; mes mains ont étouffé la flamme, ont écarté la mort... Sur son visage, encore empreint des angoisses de la souffrance, j'ai vu le sourire de l'amour reconnaissant ; car il ne pouvait parler... et tant que mes bras l'ont entouré, tant que son cœur a battu contre le mien... déjà privée de la vue, je voyais toujours ce sourire... Etrangère à la douleur, je n'entendais même pas la malédiction de mon père : ce n'est que lorsqu'on m'arracha Victor, que je cherchai la lumière.... Alors je crus mourir... je sentis, avec désespoir, la nuit éternelle qui couvrait mes yeux... Il partait !... (*Elle reste absorbée. Antonia, relevant sa tête.*) Je ne vis plus que dans ma pensée des souvenirs... des regrets... Voilà toute mon existence.... et c'est un bonheur pour moi d'être aveugle !... Qu'aurais-je vu depuis cinq ans ? le mépris de mes compagnes.... l'indifférence des étrangers.... Victor, si tu venais à passer, je n'aurais pas besoin du secours des yeux pour te reconnaître ; le battement de mon cœur m'avertirait de ta présence.... Le tien aussi te dirait c'est elle, lorsque tu jetterais un regard de compassion sur la pauvre aveugle ! et si ton cœur ne te le disait pas, tu reconnaîtrais ce gage de ton amour. (*Elle tire de son sein une croix d'honneur.*) Oui, je sens là, sur l'or de cette croix, le froissement de la balle qui l'a blessé ! Gage unique qui me soit resté de sa tendresse, j'aime à te presser sur mes lèvres, sur mon cœur ! Comme moi, tu lui as sauvé la vie. (*Elle retombe dans ses réflexions. Plusieurs officiers entrent dans le café.*)

SCENE V.

SUZANE, ANTONIA, VINCEMT.

VINCENT, *arrive, voit Antonia de loin, la regarde et s'arrête.*
Comme elle a l'air pensif!

ANTONIA.
Quelqu'un est-il là, Suzanne?

SUZANNE.
Oui, mademoiselle, M. Vincent.

VINCENT, *qui avance.*
C'est moi, mamz'elle Antonia, c'est moi.

ANTONIA.
Boujour, mon cher Monsieur Vincent, vous étiez déjà sorti?

VINCENT.
Oui, mam'zelle... la noce d'ici près nous donne de la besogne... (*Il appelle.*) Philippe! François! allumez les fourneaux? (*à Antonia.*) Pardon, si tout en causant je fais mes affaires...

ANTONIA.
Je vous en prie..

SUZANNE.
Voulez-vous qu'on vous serve votre déjeuné sur cette table? pendant ce temps je jouerai sur ma guitare, cette romance que vous aimez tant?

(*Senneville sort du café et se dirige vers le fond.*)

ANTONIA.
Non, j'entends du monde, je vais regagner ma chambre, j'y attendrai le retour de Pétro.

SUZANNE.
Comme vous voudrez. M. Vincent, nous rentrons.

(*Antonia se retire à pas lents appuyée sur Suzanne.*)

SCÈNE VI.

VINCENT, SENNEVILLE, DOMESTIQUES.

(*Senneville va au fond, revient, regarde comme s'il cherchait quelqu'un, rentre dans le café, reparait sur la porte pendant cette scène.*)

VINCENT, *lorsqu'Antonia, qu'il regardait, est rentrée.*
Toujours chagrine!... la triste chose que l'amour... comme ça

ravage la jeunesse!... (*Il appelle.*) François! Ah! ça faut préparer les crêmes, vivement! (*On aperçoit François qui va et vient.*) D'la fleur d'orange triple, n'la ménage pas, entends-tu?

SAINVILLE, *regardant de la porte du café.*

Est-ce que mon homme ne se serait pas rappelé le lieu du rendez-vous?

(*Il regarde tout-à-fait en dehors et rentre.*)

VINCENT, *à François.*

Les fromages à la crême en cœur, et tous les pains de beurre montés en amour; quand l'amour ne paraîtrait que dans les hors-d'œuvres, encore faut-il bien qu'il s'montre quelque part un jour de mariage.

(*On voit Dorsan descendre le péron de l'hôtel St.-Ange avec un officier supérieur.*)

SCÈNE VII.

DORSAN, UN GÉNÉRAL, SENNEVILLE.

DORSAN, *à l'officier supérieur.*

Eh bien! je vous laisse... à tantôt... à sept heures bien précises la voiture de M. de St.-Ange sera à la porte de votre hôtel.

(*Il donne la main à cet officier.*)

SENNEVILLE.

Je vais au-devant de lui jusque sur la place, attendez-moi. (*Il va pour sortir et rencontre Dorsan.*) Tiens!...

SCÈNE VIII.

DORSAN, SENNEVILLE.

DORSAN, *se retournant à la voix de Senneville.*

Eh! c'est toi, Senneville!

SENNEVILLE, *enchanté.*

Oui, cher ami, moi-même.

DORSAN.

Que je suis aise de te voir après une si longue absence!

SENNEVILLE.

Ce bon Dorsan, toujours le même, les dignités ne le changent

Antonia.   7

pas; je vous fais mon compliment, colonel...... C'est le Moniteur qui m'a appris ta nomination. Vas, ton avancement a fait plaisir à tous nos vieux camarades.... car tu as bien gagné tes épaulettes!

DORSANT.

Es-tu toujours aussi fou, aussi bon ami.

SENNEVILLE.

Toujours gai, c'est vrai.

DORSAN, *soupirant*.

Et toujours heureux!

SENNEVILLE.

Oui, je me porte assez bien pour manger mes six mille livres de rente, et même le double, en attendant patiemment une guerre pour te rattrapper à la première occasion : à propos, tu as reçu mon petit mot?

DORSAN.

Hier, à la nuit, en arrivant; et toi, ce matin, tu as vu Lambert?

SENNEVILLE.

Qu'est-ce que c'est que ça, Lambert?

DORSAN.

Un vieux soldat que le général, St.-Ange garde avec lui; est-ce qu'il ne t'a pas encore porté un billet d'invitation?

SENNEVILLE.

Qu'elle invitation! hier j'apprends que tu arrives à Grenoble, j'avais besoin de te voir, je t'écris...

DORSAN.

Eh! bien, on m'apporte ta lettre, et je te réponds aujourd'hui même au point du jour par un billet de mariage.

SENNEVILLE.

De mariage... Eh bien; je ne l'ai pas reçu... Je te vas dire.... C'est que, depuis hier, je ne suis pas rentré chez moi...

DORSAN.

Oui, mais c'est aujourd'hui que je me marie,...

SENNEVILLE.

Aujourd'hui?

DORSAN.

J'ai cru te rencontrant ici que tu le savais?

SENNEVILLE.

Du tout, on m'a bien bien appris que tu étais descendu à l'hôtel St.-Ange, mais pas autre chose. Eh bien! c'est joliment m'y prendre pour te demander un rendez-vous.

DORSAN.

Eh! mon dieu! j'ai tout le temps de causer avec toi... maintenant... jusqu'à cinq heures je suis libre... ces dames s'occupent de leur toilette.

SENNEVILLE.

Comment, mon pauvre Dorsan, tu te maries?

DORSAN.

Hélas! oui.

SENNEVILLE.

Voilà un hélas bien placé.

DORSAN.

Il n'a rien d'injurieux pour la jeune personne qu'on me fait épouser; la fille du général mérite tous les hommages.

SENNEVILLE.

J'entends, elle est jeune et belle, mais tu ne l'aimes pas.... un mariage de convenance qui contrarie quelque penchant de cœur, mais que l'ambition conseille... le colonel veut devenir général Ah! ma foi...

DORSAN.

Ce n'est pas l'ambition, ce sont les instances de ma famille; surtout les prières, les larmes de ma mère, qui m'ont déterminé... Et si la seule personne que j'ai véritablement aimée existait encore, c'est avec elle seule que j'aurais voulu former de pareils nœuds.

SENNEVILLE.

Avec les idées que je te connais, je le conçois, mais enfin c'est fini. Je te l'avais dit souvent, les grandes passions tournent toujours mal... Le sentiment par étage, et l'amour de garnison, à la bonheur! de la vanité, et pas d'entraves! Le pauvre garçon, le voilà tout triste, il ne m'écoute plus. Ah ça... Dorsan, ce n'est pas le moment des regrets.

DORSAN.

Ah! les miens seront éternels! si tu savais quel cœur j'ai perdu, ce qu'elle a fait pour moi, de quel héroïsme elle était capable! Ah! son souvenir ne troublera point la paix de mon ménage, je rendrai ma femme heureuse, j'en ai pris l'engagement, je le tiendrai, mais ce souvenir ne m'abandonnera jamais... Au moment d'enchaîner ma vie à une autre, il semble me poursuivre plus douloureusement, je me reproche ce mariage comme une perfidie. (*Il lui prend la main.*) Maudit soit le soi qui appela mon régiment en Italie; sans la guerre, je ne l'aurais jamais connue.

SENNEVILLE.

Allons, Dorsan, faudra-t-il que ce soit Senneville, ce fou de Senneville, qui te rappelle à la raison?

DORSAN.

Elle ne m'abandonne point; mais une émotion en éveille une autre; tous les sentimens se répondent... la présence d'un compagnon chéri, du meilleur, du seul ami de ma jeunesse, a rappelé dans mon cœur le charme de la confiance. J'avais le courage de ne gémir qu'avec moi seul; mais quand ta main a pressé la tienne, j'ai senti le besoin d'épancher devant toi les chagrins cruels qui me consument!..

SENNEVILLE.

Tiens, vois-tu, Dorsan, je ne donnerais pas ce moment pour un jour de bataille, et pourtant tu me fais mal... moi, je sens l'amitié comme tu as senti l'amour.

DORSAN.

Ah! je le sais.

SENNEVILLE.

Je suis fâché maintenant d'avoir donné rendez vous... au reste, je dirai à ce brave homme, qu'un jour comme celui-ci, tu n'as pas le temps, je ne savais pas que tu te mariais.

DORSAN.

Je ne te comprends pas...

SENNEVILLE.

Je te vais dire: il y a dans l'hôtel où je loge un vieillard, un Milanais.

DORSAN.

Un Milanais!..

SENNEVILLE.

Notre hôtesse prétend qu'il en a mal agi avec sa fille.

DORSAN, *à part.*

Sa fille!..

SENNEVILLE.

Et ça ne me surprendrait pas, parce qu'au milieu de sa tristesse, on voit quelque chose de sévère dans sa grande figure.

DORSAN

Enfin...

SENNEVILLE.

Enfin, vois-tu, la petite fille aurait quitté le pays depuis environ cinq ans.

DORSAN.

Quel singulier rapprochement!

SENNEVILLE.

Quelqu'enlèvement peut être... Je n'en sais rien, pourtant on ne le dit pas, je te conte ça en gros... bref, le brave papa, revenu à de meilleurs sentimens, s'est mis en route pour la France, où il pense qu'elle s'est rendue ; s'informant auprès des autorités... et surtout à ceux des nôtres qui ont servi en Italie, et particulierement près de Milan.

DORSAN.

Et c'est un Milanais?

SENNEVILLE.

Oui... or, comme tu as été long-temps cantonné dans cett° province, que les moindres renseignemens peuvent conduire à d'autres, je voulais, avant son départ, vous mettre quelques minutes en rapport.

DORSAN.

Oui, je veux le voir; il me donnera peut-être lui-même, quelques détails...

SENNEVILLE.

C'est lui... oui, le voilà! il cherche.

DORSAN, *prend la main à Senneville.*

Senneville! je le reconnais, malgré ses traits vieillis, altérés... Le trouble de mes sens à son aspect me fait pressentir quelques grands malheurs... je tremble qu'Antonia...

SENNEVILLE.

Antonia! C'est le nom de sa pauvre enfant. Ah! quai-je fait... Victor?

SCÈNE IX.

Les Mêmes, GERMANI.

SENNEVILLE, *à Victor.*

Laisse moi le prévenir...

GERMANI, *à Senneville.*

Ah! c'est vous!

SENNEVILLE.

Voici le colonel Dorsan.

GERMANI.

Victor!!!

(*Il se cache la tête dans ses deux mains.*)

DORSAN.

Monsieur, vous me reconnaissez?

GERMANI, *douloureusement.*

Ah! Victor!

DORSAN.

Sans vous connaître, moi, par humanité, au milieu des horreurs de la guerre, j'ai sauvé votre maison du pillage, protégé votre existence, celle de votre fille; et vous, après la victoire, lorsque j'étais blessé, sans armes, vous avez voulu ma mort..... Vous l'avez préparée... cruelle... hideuse...

GERMANI.

Quel affreux souvenir me rappelez-vous!

DORSAN.

Je vous le pardonne; l'amour de la patrie a aussi son exaltation; mais nous ne sommes plus ennemis.

GERMANI.

Combien je fus coupable!

DORSAN.

Mon ressentiment contre vous n'existait déjà plus quand au milieu des flammes elle m'aparut comme un ange secourable : savoix, son dévouement, c'est tout ce qui était resté dans ma mémoire, lorsque reprenant connaissance, je me suis éveillé prisonnier et déjà loin de votre canton? ce n'est qu'après un échange que j'eus la possibilité de prendre des informations sur elle, et le silence que l'on garda me fit trop voir qu'on voulût épargner à ma douleur la cruelle nouvelle de sa mort.

GERMANI.

Ah! plut à Dieu qu'elle eût cessé de vivre! je n'aurais point un crime à me reprocher!

DORSAN.

Un crime?

GERMANI.

Oui, nommez odieux, féroce, cet oubli de tout sentiment humain qui s'empara de mon cœur ulcéré; mais je venais de perdre mon meilleur ami, l'homme dont je voulais faire mon gendre!

DORSAN.

Il n'est plus?

GERMANI.

Ma fureur ne connut plus de bornes... J'eus la barbarie de maudire ma fille... ma fille aveugle!

DORSAN.

Aveugle ! ah ! mon Dieu !!

GERMANI.

L'ardeur du feu l'avait privée de la vue.

DORSAN.

Et c'est pour moi... barbare !

GERMANI.

Oh ! vous ne trouverez plus de termes assez forts quand vous saurez...

DORSAN.

Quoi donc encore ?

GERMANI.

Je la chassais du toit paternel, je soulevai contre elle tout le canton; je l'ai vu d'un œil sec tendre encore vers moi ses mains suppliantes, se traîner sur la route sans autre appui que le bras d'un enfant... Un enfant qui ne lui devait rien a bravé les railleries amères pour la suivre; et son père !...

DORSAN.

Vous devez être bien malheureux !...

GERMANI.

J'ai reconnu trop tard combien de regrets se prépare un père qui outrage la nature !... Pauvre Antonia ! je t'ai repoussée de mon sein, j'ai oublié que tu étais ma fille ! pour qui ? pour des furieux qui t'ont proscrite, et dont j'ai partagé la cruauté !...

DORSAN.

Malheureuse Antonia !

GERMANI.

La patrie ne m'a point rendu l'enfant que j'ai perdu, aussi je l'ai quittée sans regret cette patrie pour demander ma fille à la terre étrangère ; j'ai parcouru de ville en ville les retraites de la piété et de l'infortune, Dieu ne me devait pas la grâce de la revoir pour en obtenir mon pardon ! Il l'a rappelée auprès de lui pour que son père impitoyable mourut au désespoir dans la haine de tous après une vieillesse solitaire et méprisée !...

DORSAN.

Le ciel n'est point inexorable... vous retrouverez votre fille... Ah Senneville ! cet espoir me transporte.

SENNEVILLE.

Mon ami, réveille-toi d'un songe funeste, tu ne t'appartiens plus.

DORSAN.

Que viens-tu me rappeler ?

SENNEVILLE, *à Germani.*

Des liens éternels vont l'enchaîner !

DORSAN.

Ah jamais... jamais... je n'eusse promis de les former si j'avais pu croire !... On a profité de mon erreur, on m'a trompé.

GERMANI.

Je vous en supplie, n'ajoutez pas à tous mes maux la douloureuse pensée que je pourrais troubler encore la paix d'une famille... c'est assez de tourmens que j'emporte avec moi !

DORSAN.

Vous partez ?...

GERMANI.

Dès ce soir.

DORSAN.

Et pourtant...

GERMANI.

Près de retourner pour jamais ensevelir dans mon pays et mes remords et mes chagrins, je vous fais en tremblant une seule prière...

DORSAN.

A moi ?...

GERMANI.

Oui !... Ma fille vous aimait... pour elle, pour vous, pardonnez à son bourreau.

DORSAN.

Je ne puis vous haïr, vous êtes trop à plaindre.

SCÈNE X.

Les Mêmes, LAMBERT.

LAMBERT.

Excusez, colonel, si je viens vous interrompre, mais le général se plaint de votre absence.

(*Il entre chez Vincent.*)

SENNEVILLE.

Songe à quelles suites fâcheuses te mènerait toute démarche inutile, à quels soupçons au moins donnerait lieu ton retard... Dorsan, prends sur toi, mon ami... compose ton visage...

DORSAN, à Germani.

Je ne vous reverrai plus... adieu !...

(*Germani regarde Dorsan que Senneville conduit.*)
GERMANI, à lui-même.

Ainsi j'ai fait deux malheureux !

(*Lambert, qui était entré chez Vincent, sort.*)
LAMBERT.

Comment ce petit gaillard-là n'est pas encore de retour ?

(*Il regarde de tous côtés en avançant en scène.*)
GERMANI, à part.

De quel cœur j'ai privé ma fille ! la justice ne veut pas que je l'ignore, grand Dieu ! elle me préparait ce dernier supplice !
(*Il s'asseoit à l'écart près du massif et reste absorbé dans ses réflexions.*)

Pendant la dernière phrase de Germani on a vu Pétro accourir à toutes jambes ; il s'arrête un moment devant l'hôtel Saint-Ange comme indécis, et revient en sautant jusqu'à la scène.

SCÈNE XI.

GERMANI, LAMBERT, PETRO.

(*Germani, toujours absorbé, ne fait point attention à Petro, ni à ce qu'il dit à Lambert.*)

LAMBERT.

Ah ! le voilà. Eh ! bien, Pétro, mes commissions sont faites.

PÉTRO, *essoufflé, palpitant.*

Oui, M. Lambert... je n'en peux plus. (*il lui prend la main, qu'il met sur sa poitrine.*) Tenez, j'étouffe de joie ! (*il saute autour de Lambert.*) Oh ! comme j'ai bien fait de regarder par les fenêtres de l'hôtel ! ma pauvre maîtresse... Oh ! bien, voyez-vous, si j' lui disais tout d' suite, j' la tuerais.

LAMBERT, à Pétro.

Es-tu fou ?

PÉTRO.

Non, mais je suis... oui, tenez... je l'ai vu... j'en suis sûr... je l'ai retrouvé... il est là !

LAMBERT.

Qui ?

PÉTRO.

Est-ce que ma joie ne vous l' dis pas ?... M. Victor.

Antonia. 8

LAMBERT, *montrant le pavillon d'Antonia.*

L'officier de cette pauvre petite?

PÉTRO.

Oui, dans l' grand salon, au rez-de-chaussée. Ah! vous voilà, disait un gros Monsieur à moustaches, en avançant la main; vous voilà, mon cher Dorsan, où étiez-vous donc fourré? Ce Dorsan, qui entrait dans l' salon, c'était notre Victor.

LAMBERT, *stupéfait.*

Qu'est-ce que tu dis-là?

PÉTRO.

Je dis que c'est lui, lui-même! M. Lambert, vous qui êtes si bon, j' vous en prie, allez lui dire que Pétro l'a reconnu! ah! il n'aura pas oublié Pétro; vous verrez comme il accourera.

GERMANI, *rappelé à lui-même.*

C'est la voix de Pétro!

PÉTRO.

Comme mam'zelle Antonia sera contente!

GERMANI, *à part.*

Elle vivrait! grand dieu! tu aurais donc pitié d'un père repentant.

PÉTRO.

Je cours bien vite lui annoncer cette bonne nouvelle.

(*Il se met en devoir de courir.*)

LAMBERT, *l'arrêtant par le bras.*

Malheureux!

GERMANI, *se mettant précipitamment devant lui de l'autre côté.*

Arrête, Pétro.

PETRO, *faisant un grand saut en arrière en voyant Germani.*

Ah! mon dieu!

LAMBERT.

Qu'est-ce qui t'effraye donc?

PÉTRO, *presqu'aux genoux de Germani.*

Vous n' venez pas pour lui faire du mal?

GERMANI.

Je t'ai donné le droit de le craindre; relève toi, Pétro. Je ne suis plus ce père, qui par une rigueur sans exemple... le ciel a eu pitié de moi... la nature a repris ses droits... j'aime ma fille plus que jamais... mais ne me retiens pas, conduis-moi dans ses bras... que je la voye... qu'elle oublie... je veux lui rendre toute ma tendresse.

PÉTRO.

Je ne demande pas mieux, mais, voyez-vous, comme ça, à l'improviste, ça pourrait lui faire une révolution... vous savez comme elle est sensible, vaut mieux que je la prépare tout doucement.

GERMANI.

Tu as raison... je dois contenir mes transports... ma présence subite lui rappellerait des souvenirs trop amers... tu ne l'as pas abandonnée, toi... (*à lui-même.*) Ah! je suis bien coupable.

LAMBERT, *à Germani.*

Quoi! Monsieur, vous êtes le père de cette infortunée?

GERMANI.

Hélas oui... et ma fille est d'autant plus à plaindre, que si elle apprenait que Victor... Ah! Monsieur, vous qui le connaissez, si mes malheurs vous touchent, veuillez garder envers M. Victor le plus profond secret sur l'existence de ma fille; certain qu'elle respire à deux pas de lui, il oublierait tout... Je viens d'avoir la preuve que nulle considération ne pourrait comprimer la violence de son amour.

LAMBERT.

Je me tairai, je vous le promets.

PÉTRO.

Ah! c'est lui qui se marie! faut ben se garder de lui en parler! du caractère que je la connais, elle serait capable d'en mourir de chagrin. (*à Germani.*) Eh! ben, Monsieur, qu'allez-vous faire?

GERMANI.

Je devais partir ce soir seul, et désespéré de mes vaines recherches; maintenant que j'ai eu le bonheur de la retrouver, je vais avancer l'instant de mon départ pour l'emmener avec moi. Tu viendras avec nous, Pétro; ton dévoûment pour elle aura sa récompense, nous ne nous quitterons plus.

PÉTRO.

Ah! Monsieur, ça s'ra pour elle une joie! une joie bien grande après tant d'afflictions, de retrouver son père, empressé à sa recherche, ne lui en voulant plus.

GERMANI.

Tâche de la déterminer à me suivre; réunis une fille à son père, et tous mes malheurs seront oubliés.

PÉTRO.

Je vous réponds...

GERMANI.

Tu viendras me rejoindre à mon hôtel, près des remparts. (*il lui parle bas.*) Chère enfant, combien il me tarde de te presser contre mon cœur! mais si je diffère un moment tant de plaisir, c'est pour m'occuper des moyens de te posséder pour toujours!

(*Il sort.*)

SCÈNE XII.

PÉTRO, LAMBERT.

PETRO.

Eh! ben, voyez-vous, ça m'a donné un saisissement..... que mes jambes tremblent... que je ne sais plus si je suis éveillé!

LAMBERT.

Ce pauvre enfant!

SCÈNE XIII.

Les Précédens, VINCENT, ANTONIA, deux Garçons avec des paniers couverts.

VINCENT, *à Antonia.*

Je ne fais que suivre mes garçons à l'hôtel et si je le vois en chemin, je vous l'enverrai... Ah! le voilà, notre petit bonhomme!

ANTONIA.

Ah! Pétro, que tu as été long-temps. (*Elle s'appuie sur sa main.*) Eh! mais, qu'as-tu donc... ta main tremble dans la mienne.

PÉTRO.

Mam'zelle...

ANTONIA.

Ta voix est émue?...

LAMBERT, *à Vincent.*

Laissons-les, il y a du nouveau, et du bien triste, allez!... venez avec moi. Je vais vous conter ça.

(*Ils entrent dans l'hôtel.*)

SCENE XIV.

PÉTRO, ANTONIA.

ANTONIA, *à Pétro.*

Aurais-tu appris quelque malheur?

PÉTRO.

Non, mam'zelle, au contraire...

ANTONIA.

Au contraire?... tu t'es informé à l'hôtel? tu as eu de ses nouvelles peut-être... je te sens trembler... Eh! bien, réponds-moi donc... ton silence m'inquiète...

PÉTRO.

Je n'ai pourtant rien appris de désagréable... mais... c'est d'une autre personne que j'ai à vous parler. (*à part.*) Si elle savait que M. Victor!

ANTONIA.

Je ne connais que lui... Je n'aime à parler que de lui.

PÉTRO.

Et si c'était quelques compatriotes qui nous offrît es moyens de retourner en Italie?

ANTONIA.

Qu'y ferais-je? en quittant la terre natale, chargée de la malédiction d'un père, j'ai juré de n'y rentrer jamais!

PÉTRO.

Et si sa bénédiction vous y attendait?

ANTONIA.

Jamais ce doux espoir n'est entré dans mon cœur!

PÉTRO.

Si votre père ne vivait plus que pour vous pardonner?

ANTONIA.

Qui te l'a dit?

PÉTRO.

Lui-même... à l'instant!

ANTONIA.

Mon père en France... Il me pardonne... tu m'abuses, Pétro...

PETRO.

Il n'est ici que pour vous seule... Il vous a retrouvée, rien ne le retient plus; tout-à-l'heure je l'amènerai dans vos bras!

ANTONIA.

Ah! le pardon de mon père, quoique je n'ai point mérité sa haine, sera pour moi le bien le plus précieux! cours lui dire, Pétro, qu'une fille soumise, brûle d'embrasser ses genoux!.... Qu'il ne craigne pas mon émotion, qu'il accourt... Va, Suzanne est là auprès.

PÉTRO, *sortant.*

Le moment est favorable, courons.

(Il court.)

SCÈNE XV.

ANTONIA, SUZANNE, *à l'écart.*

ANTONIA, *à elle-même.*

Ah! oui mon père, ce retour de ta tendresse, vient soulager un moment tous mes maux. (*Elle réfléchit.*) Et pourtant je voulais mourir en France... c'est la patrie de Victor... Un jour, peut-être, il aurait versé quelques larmes sur la tombe d'Antonia! (*Le jour commence à baisser, on place deux lanternes devant le café, on entend la musique militaire.*) Encore cette harmonie de ce matin... elle trouble... elle attriste mon âme... les mêmes accords eussent pu célébrer notre union...

(Elle reste absorbée.)

SCÈNE XVI.

Les Mêmes, DORSAN, SENNEVILLE.

SENNEVILLE.

Tu fais bien de sortir un moment... tes distractions inconcevables auraient attiré tous les regards...

DORSAN.

Ah! je n'y tenais plus! L'infortunée! je ne puis éloigner un seul instant son souvenir!

SENNEVILLE.

A te voir perdre et t'acharner toujours, on t'aurait pris pour le joueur le plus déterminé.

(*Suzanne se lève et rentre dans l'intérieur après avoir regardé Antonia qui, la tête appuyée sur sa main, est ensevelie dans ses pensées.*)

DORSAN.

Je la vois errante... aveugle!... Senneville, je suis bien à plaindre...

SENNEVILLE.

Je ne puis t'entretenir dans tes pensées douleureuses.... cher ami, rends-toi maître de ta faiblesse... Il le faut... Si je connaissais un adoucissement à ta peine... mais toi seul...

DORSAN.

Deux fois, j'ai déjà songé à tout avouer.

SENNEVILLE.

Y penses-tu?

DORSAN.

Cela ne vaudrait-il pas mieux que de tromper une femme qui me croit libre... qui va recevoir mes sermens à l'autel?...

SENNEVILLE.

Il est trop tard!

DORSAN.

Je le sens. (*Suzanne appuyée contre la fenêtre en haut, tire quelques accords de sa guittare. Au même instant Dorsan prend le bras de Senneville.*) Les sons d'une guittare, entends-tu?

(*Une espèce de ritournelle commence. Ils prêtent l'oreille.*)

SENNEVILLE.

Eh bien!

ANTONIA, *parle sur la ritournelle.*

Pauvre Suzanne, elle me voit affligée, et pense par ces accords que j'aime à calmer mes vives souffrances...

(*L'air commence.*)

DORSAN, *à mesure que l'air se joue.*

Cet air..., Je le connais... se peut-il que le hasard!..

ANTONIA, *répond à l'air qu'elle entend.*

Il me le répétait chaque soir...

« Nous aurons la même patrie.

(*Elle parle.*) Oui... dans le ciel...

DORSAN, *à Senneville.*

Ah! laisse-moi, je veux connaître...

ANTONIA.

Je ne l'entends plus s'écrier avec tant d'amour :

« Et de la Seine aux bords du Tibre.

DORSAN, *violemment agité.*

Oh! mon Dieu! (*Il chancèle.*) Senneville...

ANTONIA, *répétant les paroles de l'air.*

« Rappelle-moi, je reviendrai. »

DORSAN, *s'élançant.*

Antonia!

SENNEVILLE, *le regardant avec étonnement.*

Se pourrait-il?

DORSAN.

C'est-elle!

SCÈNE XVII.

Les Mêmes, *plusieurs valets descendent le perron suivis des personnes de la société.*

SENNEVILLE, *à Dorsan.*

On te cherche.... on s'étonne de ta disparution prolongée.... Le général lui-même.... Ah! courons empêcher.... il est bon.... il comprendra... oui...

(*Il regarde encore son ami, approche des valets qui rentrent, se trouve en face du général qu'il fait retourner dans l'hôtel avec lui.*)

SCÈNE XVIII.

DORSAN, ANTONIA.

(*Dorsan est auprès d'Antonia, à laquelle il prend la main en la regardant avec un vif intérêt.*)

ANTONIA.

O ciel! est-il possible... cette main... Voilà ce que j'éprouvais autrefois... (*à Dorsan qui est à ses genoux*). Victor, est-ce toi?

DORSAN, *la tête appuyée sur les mains d'Antonia.*

Chère Antonia!...

ANTONIA.

C'est bien toi. (*Elle écoute.*) Parle... parle encore... j'ai besoin de t'entendre... Il y a si long-temps que ta voix n'a retenti à mon oreille....

DORSAN.

Infortunée!

ANTONIA.

Non.. non je ne le suis plus... te voilà... tout est oublié... Le malheur... c'est l'absence...

DORSAN.

Elle me déchire le cœur...

ANTONIA.

La joie qui t'oppresse étouffe ta voix, tes pleurs... Oh! je t'en prie, encore une parole, Victor, dis-moi que tu ne me quitteras plus...

DORSAN, *à lui-même.*

Et je porterais le désespoir dans cette âme céleste!

ANTONIA.

Toutes les félicités m'enivrent à la fois, mon père me pardonne, il est ici... je l'attends.... il n'est plus inexorable.... il va nous bénir et nous partirons ensemble.

DORSAN.

Oui... toi seule... ah! dût le général m'écraser du poids de son crédit et de sa haine, je brise tous les liens qui me séparent d'elle!

ANTONIA.

Que parles-tu de liens que tu brises... le général... son crédit... je sens du froid jusqu'à mon cœur... à l'hôtel... là bas... on célèbre un mariage.... tu frémis!..

DORSAN.

Grâce, grâce, je ne suis point coupable... écoute...

ANTONIA.

C'est le tien.. ah!...

(*Elle perd connaissance.*)

SCÈNE XIX.

Les Précédens, GERMANI, PETRO.

DORSAN, *égaré.*

Des secours...

PETRO.

Cette voix...

DORSAN.

Des secours..

(*Suzanne accourt.*)

Antonia.

GERMANI.

Ah ! ma fille...

DORSAN.

Secourons-là... vous ne m'aviez pas dit...

GERMANI.

Ce n'est qu'en vous quittant que je l'ai retrouvée.

DORSAN, *avec douleur.*

Elle sait tout !...

GERMANI.

Laissez-moi l'entraîner loin de ces lieux avant qu'elle ait recouvré ses souffrances avec la vie.

DORSAN.

Je ne la quitte plus... je la suivrai partout....

GERMANI.

C'est un père qui vous en supplie, qui vous l'ordonne. Laissez-nous partir... ne faites pas retomber sur notre tête le courroux d'une famille puissante... viens, Pétro... prends ta maîtresse...

PETRO.

Je la sens tressaillir...

DORSAN.

Attendez...

GERMANI.

Au nom du ciel qu'elle n'entende plus votre voix... chère Antonia, c'est ton père !...

ANTONIA, *cherchant à se rappeler.*

Mon père.... ah ! oui... C'est vous qui venez me bénir...

GERMANI.

Je viens te rendre au bonheur.

ANTONIA.

Au bonheur... Il n'en est plus pour moi... (*Dorsan veut s'élancer vers elle, Germani le retient avec force.*) N'est-ce pas que Victor n'est point marié ?...

GERMANI.

Chère enfant !...

ANTONIA, *mettant la main sur la bouche de son père.*

Non... non... ne me répondez pas .. laissez-moi mon erreur !... S'il était vrai qu'il eût renoncé à Antonia... il ne serait point venu près d'elle... Il était là tout à l'heure.... sa main pressait la mienne... elle est encore mouillée de ses larmes.

DORSAN, *au désespoir.*

Antonia !

ANTONIA, *tressaillant.*

Paix.... (*Après un silence.*) avez-vous entendu sa voix ? (*avec un sourire amer.*) Vous n'avez pu l'entendre... ce n'est que moi qu'il appelle... (*confidemment.*) Victor n'est plus, mais son ombre pour me revoir est descendue du séjour de la divinité. Je vais le rejoindre.

(*Elle tombe a genoux affaissée.*)

SCENE XX.

LES MÊMES, SENNEVILLE.

SENNEVILLE, *accourant.*

On sait tout maintenant... les cœurs sont émus... le général lui-même.... sa fille loin d'éprouver aucun sentiment pénible, vient, suivie de tout le monde pour embrasser le modèle d'un dévouement sublime... toute la famille veut assister à la bénédiction du pasteur qui vous unira.

DORSAN.

Il serait possible ?

GERMANI.

Ma fille !

(*Elle tombe dans les bras de Dorsan. Le général St.-Ange, sa fille en habit de noce, Mad. St.-Ange et toute la société sortent de l'hôtel et s'approchent.*)

FIN.

Vu au Ministère de l'Intérieur, conformément à la décision de son Excellence, en date de ce jour.

Paris, le 18 Mai 1827. Par ordre de S. Exc.,
Le Chef du bureau des Théâtres,
COUPART,

De l'Imprimerie de CHASSAIGNON, rue Git-le-Cœur, n. 7.

On trouve chez le même libraire un grand Assortiment des pièces de théâtre anciennes, et généralement toutes les pièces nouvelles.

EXTRAIT DU CATALOGUE DES PIÈCES DONT IL EST L'ÉDITEUR.

La Servante Justifiée, ou la Rose et le Baiser, comédie-vaud. en un acte, par MM. Carmouche et Jouslin de la Salle.

La Servante Justifiée, pièce en un acte, mêlée de couplets, par MM. Brazier, Carmouche et Jouslin de la Salle.

Sigismond, ou les Rivaux Illustres, mélodrame en trois actes, par M. Hubert.

Six Mois de Constance, comédie en un acte, mêlée de couplets, par MM. Ov. B. et Th. N.

Le Solitaire, ou l'Exilé du Mont-Sauvage, mélodrame en trois actes, par MM. Crosnier et Saint-Hilaire.

Le Solitaire forcé, ou Chacun son Tour, vaud. Un seul personnage.

La Sorcière, ou l'Orphélin Écossais, mélodr. en trois actes, par MM. Frédéric et Victor Ducange.

Les Suites d'un Bienfait, par MM. Ménissier, Martin et Aubertin.

Le Tableau de Ténier, ou l'Artiste et l'Ouvrier, vaud en un acte, par MM. Ferdinand de Villeneuve, Dupeuty et Philadelphe Maurice.

Le Tailleur de Jean-Jacques, comédie en un acte, par MM. de Rougemont, Merle et Simounin.

Les Tailleurs de Windsor, ou l'Acteur en voyage, comédie en un acte, par MM. Gabriel et Philibert.

La Tante et la Nièce, ou c'était Moi, comédie-vaudeville en un acte, par MM. Armand Gouffé et Belle.

Pinson Père de Famille, ou la suite de Je Fais mes Farces, folie vaud. en un acte, par MM. Désaugiers et Saint-Laurent.

La Place du Palais, mélodrame en trois actes, par M. Guilbert de Pixerécourt.

Polichinelle aux Eaux d'Enghien, tableau vaud. en un acte, par MM. Francis, d'Artois et Xavier.

Le Prêté Rendu, comédie mêlée de couplets, par MM. Melesville et ***

Le Prisonnier Vénitien, ou le Fils Geôlier, mélodrame en trois actes, par MM. Victor Ducange et Frédéric.

Le Propriétaire à la Porte, comédie-folie en un acte.

Le Protégé de tout le Monde, comédie-vaudeville en un acte, par MM. Desprez et Joseph.

Le Quartier du Temple, ou Mon Ami Beau Soleil, pièce grivoise, mêlée de couplets, en un acte, par MM. Benjamin et Ponet.

La Robe et Uniforme, comédie en un acte, mêlée de couplets, par MM. Carmouche, de Courcy et Georges.

La Rue du Carrouse, ou le Musée en Boutique, vaudeville en un acte, par MM. Th. Anne et ***

Le Sacrifice Indien, pantomime en trois actes, par M. Henri.

www.ingramcontent.com/pod-product-compliance
Lightning Source LLC
LaVergne TN
LVHW051505090426
835512LV00010B/2359